MONOGRAFIAS VOL. XV

VILÉM/FLUSSER/
FILOSOFIA DA CAIXA PRETA

ENSAIOS PARA UMA FILOSOFIA
DA FOTOGRAFIA

2ª impressão

BIBLIOTECA/VILÉM/FLUSSER/

Monografias Vol. XV
Filosofia da Caixa Preta
Título original: *Para uma Filosofia da Fotografia*

Copyright © 1983 by Vilém Flusser.
Todos os direitos reservados.
Copyright da edição brasileira
© 2018 É Realizações Editora

Editor
Edson Manoel de Oliveira Filho

Idealização e revisão técnica
Rodrigo Maltez Novaes

Organização
Rodrigo Maltez Novaes
Rodrigo Petronio

Produção editorial
É Realizações Editora

Preparação de texto
Jane Pessoa

Revisão
Mariana Cardoso

Capa
Chagrin

Diagramação
Nine Design Gráfico | Mauricio Nisi

Reservados todos os direitos desta obra. Proibida toda e qualquer reprodução desta edição por qualquer meio ou forma, seja ela eletrônica ou mecânica, fotocópia, gravação ou qualquer outro meio de reprodução, sem permissão expressa do editor.

CIP-Brasil. Catalogação na Publicação
Sindicato Nacional dos Editores de Livros, RJ

F668f

Flusser, Vilém, 1920-1991
Filosofia da caixa preta : ensaios para uma filosofia da fotografia / Vilém Flusser. - 1. ed. - São Paulo : É Realizações, 2018.
144 p. ; 21 cm. (Biblioteca Vilém Flusser)

ISBN 978-85-8033-334-3

1. Fotografia - Filosofia. I. Título.

18-49221   CDD: 770.1
                        CDU: 77.01

Meri Gleice Rodrigues de Souza - Bibliotecária CRB-7/6439
23/04/2018   27/04/2018

É Realizações Editora, Livraria e Distribuidora Eireli
Rua França Pinto, 498 São Paulo SP
04016-002
Telefone: (5511) 5572 5363
atendimento@erealizacoes.com.br
www.erealizacoes.com.br

Este livro foi impresso pela Gráfica Paym, em maio de 2023. Os tipos são da família Code Pro e Jenson Recut. O papel do miolo é o Lux Cream 70 g., e o da capa, Duplex Impona 250 g.

APARELHO, CAIXA PRETA
E EMERGÊNCIA
RODRIGO PETRONIO /7

PREFÁCIO À
1ª EDIÇÃO BRASILEIRA /9

GLOSSÁRIO /11

1. A IMAGEM /15

2. A IMAGEM TÉCNICA /21

3. O APARELHO /29

4. O GESTO DE FOTOGRAFAR /43

5. A FOTOGRAFIA /51

6. A DISTRIBUIÇÃO DA FOTOGRAFIA /61

7. A RECEPÇÃO DA FOTOGRAFIA /71

8. O UNIVERSO FOTOGRÁFICO /81

9. A URGÊNCIA DE UMA FILOSOFIA
DA FOTOGRAFIA /95

POSFÁCIOS

FLUSSER E A LIBERDADE DE PENSAR
MARIA LÍLIA LEÃO /103

O APARELHO E O BOTE
NORVAL BAITELLO JUNIOR /115

**O CONTÍNUO E PRAZEROSO
DESAFIO DE RELER A CAIXA PRETA
E SEU AMBIENTE**
NORVAL BAITELLO JUNIOR /121

**OS "MODOS DE USAR"
A FILOSOFIA FLUSSERIANA**
RACHEL COSTA /125

APARELHO, CAIXA PRETA E EMERGÊNCIA

RODRIGO PETRONIO

Esta é uma obra clássica sob diversos aspectos. Uma das precursoras da filosofia da fotografia em âmbito mundial, desafia o tempo e continua provocativa e incômoda ainda hoje, no começo do século XXI. Essa perenidade e eterna novidade se devem a um fato que precisamos ter em mente. Embora seja uma pedra-angular para a reflexão em torno da fotografia, esta não é uma obra sobre esta arte. Esta obra é um breve tratado de epistemologia (teoria do conhecimento) que se apoia na fotografia e nas câmeras como imagens-meios de produção de mundos e de modelizações do pensamento. Nesse sentido, encontram-se em *Filosofia da Caixa Preta* (1981-1982) os primeiros signos de uma preocupação que atravessará toda produção ulterior de Flusser até os anos 1990: os processos de codificação do mundo e uma teoria geral dos modelos.

Diante desse fato, não causa estranheza a extrema a sincronicidade entre a abordagem desenvolvida nesta obra e a essência de outras obras escritas na mesma época, tais como *Vampyroteuthis Infernalis* (1980-81), *Elogio da Superficialidade: O Universo das Imagens Técnicas* (1982-1983) e mesmo *Pós-História* (1978-1979), escrita no fim da década de 1970. Trata-se de um momento em que Flusser aprofunda ainda mais uma intuição conceitual que tivera no começo dos anos 1960: a emergência dos aparelhos. O aparelho não é uma máquina, pois não é descrito a partir das categorias da extensão. O aparelho tampouco é um dispositivo, no sentido epistêmico de Foucault, embora Flusser tenha se inspirado nele para dele se afastar. O aparelho é um horizonte de legibilidade. Uma forma que determina os limites perceptivos e a constituição interna do que chamamos de realidade. Modelo transversal e simultâneo das gerações, o aparelho não se reduz às determinações formais e à descontinuidade temporal de cada século, como propõe a arqueologia do saber.

Essa impressionante lucidez de Flusser não se refere apenas aos conceitos da Filosofia. Preocupa-se em incorporar e redefinir as estruturas imanentes da experiência cotidiana do *sapiens* no século XX, inexoravelmente marcada pelo advento das novas tecnologias, de novos regimes de signos e de novas formas de vida. Por isso, quando vemos o conceito de algoritmo sendo descrito por alguns dos mais influentes pensadores do século XXI como sendo o conceito-chave para compreender o próximo milênio, precisamos retornar com urgência ao pensamento de Flusser. Afinal, sessenta anos atrás, em obras como *Língua e Realidade* (1963), *O Último Juízo: Gerações* (1965-1966) e *Da Dúvida* (1964-1965), bem como nos cursos preservados em datiloscritos e nas correspondências com dezenas de intelectuais brasileiros e estrangeiros, Flusser descrevia a gênese dos algoritmos ao descrever os aparelhos. Ou seja: descrevia a gênese do mundo presente e do mundo futuro. A gênese do nosso mundo.

PREFÁCIO À 1ª EDIÇÃO BRASILEIRA

O presente ensaio é resumo de algumas conferências e aulas que pronunciei, sobretudo na França e na Alemanha. A pedido da European Photography, Göttingen, foram reunidas neste pequeno livro publicado em alemão em 1983. A reação do público (não apenas dos fotógrafos, mas sobretudo do interessado em filosofia) foi dividida, porém intensa. Em consequência à polêmica criada, escrevi outro ensaio *Ins Universum der Technischen Bilder* [Adentrando o Universo das Imagens Técnicas], publicado em 1985, onde procuro ampliar e aprofundar as reflexões aqui apresentadas.

Estas partem da hipótese segundo a qual seria possível observar duas revoluções fundamentais na estrutura cultural, tal como se apresenta, de sua origem até hoje. A primeira, que ocorreu aproximadamente em meados do segundo milênio a.C., pode ser captada sob o rótulo "invenção da escrita linear" e inaugura a história propriamente dita; a segunda, que ocorre atualmente, pode ser captada sob o rótulo "invenção das imagens técnicas" e inaugura um *modo de ser* ainda dificilmente definível. A hipótese admite que outras revoluções possam ter ocorrido em passado mais remoto, mas sugere que elas nos escapam.

Para que se preserve seu caráter hipotético, o ensaio não citará trabalhos precedentes sobre temas vizinhos, nem conterá bibliografia. Espera assim criar atmosfera de abertura para campo virgem. Não obstante, incorporará um breve glossário de termos explícitos e implícitos no argumento, no intuito de clarear o pensamento e provocar contra-argumentos. As definições no glossário não se querem teses para defesas, mas hipóteses para debates.

A intenção que move este ensaio é contribuir para um diálogo filosófico sobre o *aparelho* em função do qual vive a atualidade, tomando por pretexto o tema *fotografia*. Submeto-o, pois, à apreciação do público brasileiro. Faço-o com esperança e com receio. Esperança, porque, ao contrário dos demais públicos que me leem, sinto *saber* para quem estou falando; receio, por desconfiar da possibilidade de não encontrar reação crítica. Este prefácio se quer, pois, aceno aos amigos do outro lado do Atlântico e aos críticos da imprensa. Que me leiam e não me poupem.

Percebo que editar este ensaio no contexto brasileiro é empresa aventurosa. Quero agradecer aos que nela mergulharam, sobretudo Maria Lília Leão, por sua coragem e amizade. Que sua iniciativa contribua para o diálogo brasileiro.

Vilém Flusser
São Paulo, outubro de 1985

GLOSSÁRIO

Aparelho: brinquedo que simula um tipo de pensamento.
Aparelho fotográfico: brinquedo que traduz pensamento conceitual em fotografias.
Autômato: aparelho que obedece a programa que se desenvolve ao acaso.
Brinquedo: objeto para jogar.
Código: sistema de signos ordenado por regras.
Conceito: elemento constitutivo de texto.
Conceituação: capacidade para compor e decifrar textos.
Consciência histórica: consciência da linearidade (por exemplo, a causalidade).
Decifrar: revelar o significado convencionado de símbolos.
Entropia: tendência a situações cada vez mais prováveis.
Fotografia: imagem tipo folheto produzida e distribuída por aparelho.
Fotógrafo: pessoa que procura inserir na imagem informações imprevistas pelo aparelho fotográfico.
Funcionário: pessoa que brinca com aparelho e age em função dele.
História: tradução linearmente progressiva de ideias em conceitos, ou de imagens em textos.
Ideia: elemento constitutivo da imagem.
Idolatria: incapacidade de decifrar os significados da ideia, não obstante a capacidade de lê-la, portanto, adoração da imagem.
Imagem: superfície significante na qual as ideias se inter-relacionam magicamente.
Imagem técnica: imagem produzida por aparelho.
Imaginação: capacidade para compor e decifrar imagens.
Informação: situação pouco provável.

Informar: produzir situações pouco prováveis e imprimi-las em objetos.
Instrumento: simulação de um órgão do corpo humano que serve ao trabalho.
Jogo: atividade que tem fim em si mesma.
Magia: existência no espaço-tempo do eterno retorno.
Máquina: instrumento no qual a simulação passou pelo crivo da teoria.
Memória: celeiro de informações.
Objeto: algo contra o qual esbarramos.
Objeto cultural: objeto portador de informação impressa pelo homem.
Pós-história: processo circular que retraduz textos em imagens.
Pré-história: domínio de ideias, ausência de conceitos; ou domínio de imagens, ausência de textos.
Produção: atividade que transporta objeto da natureza para a cultura.
Programa: jogo de combinação com elementos claros e distintos.
Realidade: tudo contra o que esbarramos no caminho à morte, portanto, aquilo que nos interessa.
Redundância: informação repetida, portanto, situação provável.
Rito: comportamento próprio da forma existencial mágica.
Scanning: movimento de varredura que decifra uma situação.
Setores primário e secundário: campos de atividades onde objetos são produzidos e informados.
Setor terciário: campo de atividade onde informações são produzidas.
Significado: meta do signo.
Signo: fenômeno cuja meta é outro fenômeno.
Símbolo: signo convencionado consciente ou inconscientemente.
Sintoma: signo causado pelo seu significado.
Situação: cena onde são significantes as relações entre as coisas e não as coisas mesmas.

Sociedade industrial: sociedade onde a maioria trabalha com máquinas.

Sociedade pós-industrial: sociedade onde a maioria trabalha no setor terciário.

Texto: signos da escrita em linhas.

Textolatria: incapacidade de decifrar conceitos nos signos de um texto, não obstante a capacidade de lê-los, portanto, adoração ao texto.

Trabalho: atividade que produz e informa objetos.

Traduzir: mudar de um código para outro, portanto, saltar de um universo a outro.

Universo: conjunto das combinações de um código, ou dos significados de um código.

Valor: como algo deve ser.

Válido: algo que é como deve ser.

1. A IMAGEM

Imagens são superfícies que pretendem representar algo. Na maioria dos casos, algo que se encontra lá fora no espaço e no tempo. As imagens são, portanto, resultado do esforço de se abstrair duas das quatro dimensões espaçotemporais, para que se conservem apenas as dimensões do plano. Devem sua origem à capacidade de abstração específica que podemos chamar de imaginação. No entanto a imaginação tem dois aspectos: se de um lado, permite abstrair duas dimensões dos fenômenos, de outro, permite reconstituir as duas dimensões abstraídas na imagem. Em outros termos, imaginação é a capacidade de codificar fenômenos de quatro dimensões em símbolos planos e decodificar as mensagens assim codificadas. Imaginação é a capacidade de fazer e decifrar imagens.

O fator decisivo no deciframento de imagens é tratar-se de planos. O significado da imagem encontra-se na superfície e pode ser captado por um golpe de vista. No entanto tal método de deciframento produzirá apenas o significado superficial da imagem. Quem quiser "aprofundar" o significado e restituir as dimensões abstraídas deve permitir à sua vista vaguear pela superfície da imagem. Tal vaguear pela superfície é chamado *scanning*.

O traçado do *scanning* segue a estrutura da imagem, mas também impulsos no íntimo do observador.

O significado decifrado por esse método será, pois, resultado de síntese entre duas "intencionalidades": a do emissor e a do receptor. Imagens não são conjuntos de símbolos com significados inequívocos, como o são as cifras; não são "denotativas". Imagens oferecem aos seus receptores um espaço interpretativo: símbolos "conotativos".

Ao vaguear pela superfície, o olhar vai estabelecendo relações temporais entre os elementos da imagem: um elemento é visto após o outro. O vaguear do olhar é circular: tende a voltar para contemplar elementos já vistos. Assim, o "antes" se torna "depois", e o "depois" se torna o "antes". O tempo projetado pelo olhar sobre a imagem é o eterno retorno. O olhar diacroniza a sincronicidade *imaginística* por ciclos.

Ao circular pela superfície, o olhar tende a voltar sempre para elementos preferenciais. Tais elementos passam a ser centrais, portadores preferenciais do significado. Desse modo, o olhar vai estabelecendo relações significantes. O tempo que circula e estabelece relações significantes é muito específico: tempo de magia. Tempo diferente do linear, o qual estabelece relações causais entre eventos. No tempo linear, o nascer do sol é a causa do canto do galo; no circular, o canto do galo dá significado ao nascer do sol, e este dá significado ao canto do galo. Em outros termos, no tempo da magia, um elemento explica o outro, e este explica o primeiro. O significado das imagens é o contexto mágico das relações reversíveis.

O caráter mágico das imagens é essencial para a compreensão das suas mensagens. Imagens são códigos que traduzem eventos em situações, processos em cenas. Não que as imagens *eternizem* eventos; elas substituem eventos por cenas. E tal poder mágico, inerente à estruturação plana da imagem, domina a dialética interna da imagem, própria a toda mediação, e nela se manifesta de forma incomparável.

Imagens são mediações entre homem e mundo. O homem "existe", isto é, o mundo não lhe é acessível imediatamente. Imagens têm o propósito de representar o mundo. Mas, ao fazê-lo, entrepõem-se entre mundo e homem. Seu propósito é serem mapas do mundo, mas passam a ser biombos. O homem, em vez de se servir das imagens em função do mundo, passa a viver em função de imagens. Não mais decifra as cenas da imagem como significados do mundo, mas o próprio mundo vai sendo vivenciado como conjunto de cenas. Tal inversão da função das imagens é idolatria. Para o idólatra – o homem que vive magicamente –, a realidade reflete imagens. Podemos observar, hoje, de que forma se processa a *magicização* da vida: as imagens técnicas, atualmente onipresentes, ilustram a inversão da função *imaginística* e *remagicizam* a vida.

Trata-se de alienação do homem em relação a seus próprios instrumentos. O homem se esquece do motivo pelo qual imagens são produzidas: servirem de instrumentos para orientá-lo no mundo. *Imaginação* torna-se alucinação e o homem passa a ser incapaz de decifrar imagens, de reconstituir as dimensões abstraídas. No segundo milênio a.C., tal alucinação alcançou seu apogeu. Surgiram pessoas empenhadas no "relembramento" da função originária das imagens, que passaram a rasgá-las, a fim de abrir a visão para o mundo concreto escondido pelas imagens. O método do rasgamento consistia em desfiar as superfícies das imagens em linhas e alinhar os elementos *imagéticos*. Eis como foi inventada a escrita linear. Tratava-se de transcodificar o tempo circular em linear, traduzir cenas em processos. Surgia assim a *consciência histórica*, consciência dirigida contra as imagens. Fato nitidamente observável entre os filósofos pré-socráticos e sobretudo entre os profetas judeus.

A luta da escrita contra a imagem, da consciência histórica contra a consciência mágica caracteriza a história toda. E terá consequências imprevistas. A escrita se funda sobre a nova capacidade de codificar planos em retas e abstrair todas as dimensões, com exceção de uma: a da *conceituação*, que permite codificar textos e decifrá-los. Isso mostra que o pensamento conceitual é mais abstrato que o pensamento imaginativo, pois preserva apenas uma das dimensões do espaço-tempo. Ao inventar a escrita, o homem se afastou ainda mais do mundo concreto, quando, efetivamente, pretendia dele se aproximar. A escrita surge de um passo para aquém das imagens, e não de um passo em direção ao mundo. Os textos não significam o mundo diretamente, mas através de imagens rasgadas. Os conceitos não significam fenômenos, significam ideias. Decifrar textos é descobrir as imagens significadas pelos conceitos. A função dos textos é explicar imagens, a dos conceitos é analisar cenas. Em outros termos, a escrita é metacódigo da imagem.

A relação texto-imagem é fundamental para a compreensão da história do Ocidente. Na Idade Média, assume a forma de luta entre o cristianismo textual e o paganismo imagético; na Idade Moderna, luta entre a ciência textual e as ideologias imagéticas. A luta, porém, é dialética. À medida que o cristianismo vai combatendo o paganismo, ele próprio vai absorvendo imagens e se paganizando; à medida que a ciência vai combatendo ideologias, vai ela própria absorvendo imagens e se ideologizando. Por que isso ocorre? Embora textos expliquem imagens a fim de rasgá-las, imagens são capazes de ilustrar textos, a fim de remagicizá-los. Graças a tal dialética, imaginação e conceituação, que mutuamente se negam, vão mutuamente se reforçando. As imagens se tornam cada vez mais conceituais e os textos, cada vez mais imaginativos. Atualmente o maior poder conceitual reside em certas imagens, e o maior poder imaginativo, em determinados textos da ciência exata. Desse modo, a hierarquia dos códigos vai se perturbando: embora os textos sejam metacódigo de imagens, determinadas imagens passam a ser metacódigo de textos.

No entanto a situação se complica ainda mais devido à contradição interna dos textos. São eles mediações tanto quanto o são as imagens. Seu propósito é mediar entre homem e imagens. Ocorre, porém, que os textos podem tapar as imagens que pretendem representar algo para o homem. Ele passa a ser incapaz de decifrar textos, não conseguindo reconstituir as imagens abstraídas. Passa a viver não mais para se servir dos textos, mas em função destes.

Surge a textolatria, tão alucinatória como a idolatria. Exemplo impressionante de textolatria é a "fidelidade ao texto", tanto nas ideologias (cristã, marxista, etc.) quanto nas ciências exatas. Tais textos passam a ser inimagináveis, como o é o universo das ciências exatas: não pode e não deve ser imaginado. No entanto, como são imagens o derradeiro significado dos conceitos, o discurso científico passa a ser composto de conceitos vazios; o universo da ciência torna-se universo vazio. A textolatria assumiu proporções críticas no percurso do século passado.

A crise dos textos implica o naufrágio da história toda, que é, estritamente, processo de recodificação de imagens em conceitos. História é explicação progressiva de imagens, desmagicização, conceituação. Lá, onde os textos não mais significam imagens, nada resta a explicar, e a história para. Em tal mundo, explicações passam a ser supérfluas: mundo absurdo, mundo da atualidade.

Pois é precisamente em tal mundo que vão sendo inventadas as imagens técnicas. E, em primeiro lugar, as fotografias, a fim de ultrapassar a crise dos textos.

2. A IMAGEM TÉCNICA

Trata-se de imagem produzida por aparelhos. Aparelhos são produtos da técnica, que, por sua vez, é texto científico aplicado. Imagens técnicas são, portanto, produtos indiretos de textos — o que lhes confere posição histórica e ontológica diferente das imagens tradicionais. Historicamente, as imagens tradicionais precedem os textos, por milhares de anos, e as imagens técnicas sucedem os textos altamente evoluídos. Ontologicamente, a imagem tradicional é abstração de primeiro grau: abstrai duas dimensões do fenômeno concreto; a imagem técnica é abstração de terceiro grau: abstrai uma das dimensões da imagem tradicional para resultar em textos (abstração de segundo grau); depois, reconstituem a dimensão abstraída, a fim de resultar novamente em imagem. Historicamente, as imagens tradicionais são pré-históricas; as imagens técnicas são pós-históricas. Ontologicamente, as imagens tradicionais imaginam o mundo; as imagens técnicas imaginam textos que concebem imagens que imaginam o mundo. Essa posição das imagens técnicas é decisiva para o seu deciframento.

Elas são dificilmente decifráveis pela razão curiosa de que aparentemente não necessitam ser decifradas. Aparentemente, o significado das imagens técnicas se imprime de forma automática sobre suas superfícies, como se fossem impressões digitais em que o significado (o dedo) é a causa, e a imagem (o impresso) é o efeito. O mundo representado parece ser a causa das imagens técnicas, e elas próprias parecem ser o último efeito da complexa cadeia causal que parte do mundo. O mundo a ser representado reflete raios que vão sendo fixados sobre superfícies sensíveis, graças a processos ópticos, químicos e mecânicos, assim surgindo a imagem. Aparentemente, pois, imagem e mundo se encontram no mesmo nível do real: são unidos por cadeia ininterrupta de causa e efeito, de maneira que a imagem parece não ser símbolo e não precisar de deciframento. Quem vê uma imagem técnica parece ver seu significado, embora indiretamente.

O caráter aparentemente não simbólico, objetivo, das imagens técnicas faz seu observador olhá-las como se fossem janelas e não imagens. O observador confia nas imagens técnicas tanto quanto confia em seus próprios olhos. Quando critica as imagens técnicas (se é que as critica), não o faz enquanto imagens, mas enquanto visões do mundo. Essa atitude do observador em face das imagens técnicas caracteriza a situação atual, em que tais imagens se preparam para eliminar textos. Algo que apresenta consequências altamente perigosas.

A aparente objetividade das imagens técnicas é ilusória, pois na realidade são tão simbólicas quanto o são todas as imagens. Devem ser decifradas por quem deseja captar-lhes o significado. Com efeito, são elas símbolos extremamente abstratos: codificam textos em imagens, são metacódigos de textos. A imaginação, à qual devem sua origem, é a capacidade de codificar textos em imagens. Decifrá-las é reconstituir os textos que tais imagens significam. Quando as imagens técnicas são corretamente decifradas, surge o mundo conceitual como sendo o seu universo de significado. O que vemos ao contemplar as imagens técnicas não é "o mundo", mas determinados conceitos relativos ao mundo, a despeito da automaticidade da impressão do mundo sobre a superfície da imagem.

No caso das imagens tradicionais, é fácil verificar que se trata de símbolos: há um agente humano (pintor, desenhista) que se coloca entre elas e seu significado. Esse agente humano elabora símbolos "em sua cabeça", transfere-os para a mão munida de pincel, e de lá, para a superfície da imagem. A codificação se processa "na cabeça" do agente humano, e quem se propõe a decifrar a imagem deve saber o que se passou em tal "cabeça". No caso das imagens técnicas, a situação é menos evidente. Por certo, há também um fator que se interpõe (entre elas e seu significado): um aparelho e um agente humano que o manipula (fotógrafo, cinegrafista). Mas tal complexo "aparelho-operador" parece não interromper o elo entre a imagem e seu significado. Pelo contrário, parece ser o canal que liga imagem e significado. Isso porque o complexo "aparelho--operador" é demasiadamente complicado para que possa ser penetrado: é uma *caixa preta*, e o que se vê é apenas *input* e *output*. Quem vê *input* e *output* vê o canal e não o processo codificador que se passa no interior da *caixa preta*. Toda crítica da imagem técnica deve visar ao branqueamento dessa caixa. Dada a dificuldade de tal tarefa, somos por enquanto analfabetos em relação às imagens técnicas. Não sabemos como decifrá-las.

Contudo podemos afirmar algumas coisas a seu respeito, sobretudo o seguinte: as imagens técnicas, longe de serem janelas, são *imagens*, superfícies que transcodificam processos em cenas. Como toda imagem, é também mágica, e seu observador tende a projetar essa magia sobre o mundo. O fascínio mágico que emana das imagens técnicas é palpável a todo instante em nosso entorno. Vivemos, cada vez mais obviamente, em função de tal *magia imaginística*: vivenciamos, conhecemos, valorizamos e agimos cada vez mais em função de tais imagens. Urge analisar que tipo de magia é essa.

Claro está que a magia das imagens técnicas não pode ser idêntica à magia das imagens tradicionais: o fascínio da TV e da tela de cinema não pode rivalizar com o que emana das paredes de caverna ou de um túmulo etrusco. Isso porque TV e cinema não se colocam ao mesmo nível histórico e ontológico do homem da caverna ou dos etruscos. A nova magia não precede, mas sucede à consciência histórica, conceitual, *desmagicizante*. A nova magia não visa modificar o mundo lá fora, como o faz a pré-história, mas os nossos conceitos em relação ao mundo. É magia de segunda ordem: feitiço abstrato. Tal diferença pode ser formulada da seguinte maneira: A magia pré-histórica ritualiza determinados modelos, mitos. A magia atual ritualiza outro tipo de modelo: *programas*. Mito não é elaborado no interior da transmissão, já que é elaborado por um "deus". Programa é modelo elaborado no interior mesmo da transmissão, por "funcionários". A nova magia é ritualização de programas, visando programar seus receptores para um comportamento mágico programado. Os conceitos "programa" e "funcionário" serão considerados nos capítulos seguintes deste ensaio. Neste ponto do argumento, trata-se de captar a *função* da magia.

A função das imagens técnicas é a de emancipar a sociedade da necessidade de pensar conceitualmente. As imagens técnicas devem substituir a consciência histórica por consciência mágica de segunda ordem. Substituir a capacidade conceitual por capacidade imaginativa de segunda ordem. E é nesse sentido que as imagens técnicas tendem a eliminar os textos. Com essa finalidade é que foram inventadas. Os textos foram inventados, no segundo milênio a.C., a fim de *desmagiciarem* as imagens (embora seus inventores não se tenham dado conta disso). As fotografias foram inventadas, no século XIX, a fim de *remagiciarem* os textos (embora seus inventores não se tenham dado conta disso). A invenção das imagens técnicas é comparável, pois, quanto à sua importância histórica, à invenção da escrita. Textos foram inventados no momento de crise das imagens, a fim de ultrapassar o perigo da idolatria. Imagens técnicas foram inventadas no momento de crise dos textos, a fim de ultrapassar o perigo da textolatria. Tal intenção implícita das imagens técnicas precisa ser explicitada.

A invenção da imprensa e a introdução da escola obrigatória generalizaram a consciência histórica; todos sabiam ler e escrever, passando a viver historicamente, inclusive camadas até então sujeitas à vida mágica: o campesinato proletarizou-se. Tal conscientização se deu graças a textos baratos: livros, jornais, panfletos. Simultaneamente todos os textos se baratearam (inclusive o que está sendo escrito). O pensamento conceitual barato venceu o pensamento *mágico-imaginístico* com dois efeitos inesperados. De um lado, as imagens se protegiam dos textos baratos, refugiando-se em guetos chamados "museus" e "exposições", deixando de influir na vida cotidiana. De outro lado, surgiam textos herméticos (sobretudo os científicos), inacessíveis ao pensamento conceitual barato, a fim de se salvarem da inflação textual galopante. Desse modo, a cultura ocidental se dividiu em três ramos: a imaginação marginalizada pela sociedade, o pensamento conceitual hermético e o pensamento conceitual barato. Uma cultura assim dividida não pode sobreviver, a não ser que seja reunificada. A tarefa das imagens técnicas é estabelecer um código geral para reunificar a cultura. Mais exatamente, o propósito das imagens técnicas era reintroduzir as imagens na vida cotidiana, tornar imagináveis os textos herméticos, e tornar visível a magia subliminar que se escondia nos textos baratos. Ou seja, as imagens técnicas (e, em primeiro lugar, a fotografia) deviam constituir denominador comum entre conhecimento científico, experiência artística e vivência política de todos os dias. Toda imagem técnica devia ser, simultaneamente, conhecimento (verdade), vivência (beleza) e modelo de comportamento (bondade). Na realidade, porém, a revolução das imagens técnicas tomou um rumo diferente, não tornam visível o conhecimento científico, mas o falseiam; não reintroduzem as imagens tradicionais, mas as substituem; não tornam visível a magia subliminar, mas a substituem por outra. Nesse sentido, as imagens técnicas passam a ser "falsas", "feias" e "ruins", além de não terem sido capazes de reunificar a cultura, mas apenas de fundir a sociedade em massa amorfa.

Por que isso se deu? Porque as imagens técnicas se estabeleceram em barragens. Os textos científicos desembocam nas imagens técnicas, deixam de fluir e passam a circular nelas. As imagens tradicionais desembocam nas técnicas e passam a ser reproduzidas em eterno retorno. E os textos baratos desembocam nas imagens técnicas para aí se transformarem em magia programada. Tudo, atualmente, tende para as imagens técnicas, são elas a memória eterna de todo o empenho. Todo ato científico, artístico e político visa eternizar-se em imagem técnica, visa ser fotografado, filmado, videoteipado. Como a imagem técnica é a meta de todo ato, este deixa de ser histórico, passando a ser um ritual de magia. Gesto eternamente reconstituível segundo o programa. Com efeito, o universo das imagens técnicas vai se estabelecendo como plenitude dos tempos. E, apenas se considerada sob tal ângulo apocalíptico, é que a fotografia adquire seus devidos contornos.

3. O APARELHO

As imagens técnicas são produzidas por aparelhos. Como primeira delas foi inventada a fotografia. O aparelho fotográfico pode servir de modelo para todos os aparelhos característicos da atualidade e do futuro imediato. Analisá-lo é método eficaz para captar o essencial de todos os aparelhos, desde os gigantescos (como os administrativos) até os minúsculos (como os *chips*), que se instalam por toda parte. Pode-se perfeitamente supor que todos os traços aparelhísticos já estão prefigurados no aparelho fotográfico, aparentemente tão inócuo e "primitivo".

Antes de mais nada, é preciso haver acordo sobre o significado do aparelho, já que não há consenso para esse termo. Etimologicamente, a palavra latina *apparatus* deriva dos verbos *adparare* e *praeparare*. O primeiro indica prontidão para algo; o segundo, disponibilidade em prol de algo. O primeiro verbo implica o estar à espreita para saltar à espera de algo. Esse caráter de animal feroz prestes a lançar-se, implícito na raiz do termo, deve ser mantido ao tratar-se de aparelhos.

Obviamente, a etimologia não basta para definirmos aparelhos. Deve-se perguntar, antes de mais nada, por sua posição ontológica. Sem dúvida, trata-se de objetos produzidos, isto é, objetos trazidos da natureza para o homem. O conjunto de objetos produzidos perfaz a cultura. Aparelhos fazem parte de determinadas culturas, conferindo a estas certas características. Não há dúvida de que o termo aparelho é utilizado, às vezes, para denominar fenômenos da natureza, por exemplo, aparelho digestivo, por tratar-se de órgãos complexos que estão à espreita de alimentos para enfim digeri-los. Sugiro, porém, que se trata de uso metafórico, transporte de um termo cultural para o domínio da natureza. Não fosse a existência de aparelhos em nossa cultura, não poderíamos falar em aparelho digestivo.

Grosso modo, há dois tipos de objetos culturais: os que são bons para serem consumidos (bens de consumo) e os que são bons para produzirem bens de consumo (instrumentos). Todos os objetos culturais são *bons*, isto é: são como *devem ser*, contêm *valores*. Obedecem a determinadas intenções humanas. Essa é a diferença entre as ciências da natureza e as da cultura: as ciências culturais procuram pela intenção que se esconde nos fenômenos, por exemplo, no aparelho fotográfico; portanto, segundo tal critério, o aparelho fotográfico parece ser instrumento. Sua intenção é produzir fotografias. Aqui surge uma dúvida: fotografias serão bens de consumo como bananas ou sapatos? O aparelho fotográfico será instrumento como o facão produtor de banana, ou a agulha produtora de sapato?

Instrumentos têm a intenção de arrancar objetos da natureza para aproximá-los do homem. Ao fazê-lo, modificam a forma de tais objetos. Esse produzir e informar se chama "trabalho". O resultado se chama "obra". No caso da banana, a produção é mais acentuada que a informação; no caso do sapato, é a informação que prevalece. Facões produzem sem muito informarem, agulhas informam muito mais. Serão os aparelhos agulhas exageradas que informam sem nada produzir, já que fotografias parecem ser informação quase pura?

Instrumentos são prolongações de órgãos do corpo: dentes, dedos, braços, mãos prolongados. Por serem prolongações, alcançam mais longe e fundo a natureza, são mais poderosos e eficientes. Os instrumentos simulam o órgão que prolongam: a enxada, o dente; a flecha, o dedo; o martelo, o punho. São "empíricos". Graças à Revolução Industrial, passam a recorrer a teorias científicas no curso da sua simulação de órgãos. Passam a ser "técnicos". Tornam-se, destarte, ainda mais poderosos, mas também maiores e mais caros, produzindo obras mais baratas e mais numerosas. Passam a chamar-se "máquinas". Será então o aparelho fotográfico máquina, por simular o olho e recorrer a teorias ópticas e químicas ao fazê-lo?

Quando os instrumentos viraram máquinas, sua relação com o homem se inverteu. Antes da Revolução Industrial, os instrumentos cercavam os homens; depois, as máquinas eram por eles cercadas. Antes, o homem era a constante da relação, e o instrumento era a variável; depois, a máquina passou a ser relativamente constante. Antes, os instrumentos funcionavam em função do homem; depois, grande parte da humanidade passou a funcionar em função das máquinas. Será isso válido para os aparelhos? Podemos afirmar que os óculos (tomados como protoaparelhos fotográficos) funcionavam em função do homem, e, hoje, o fotógrafo, em função do aparelho?

O tamanho e o preço das máquinas fazem apenas poucos homens as possuírem: os capitalistas. A maioria funciona em função delas: o proletariado. De maneira que a sociedade se divide em duas classes: os que usam as máquinas em seu próprio proveito, e os que funcionam em função de tal proveito. Isso vale para aparelhos? O fotógrafo será proletário, e haverá um fotocapitalista?

Em tais perguntas se sente que, embora razoáveis, não ferem ainda o problema do aparelho. Por certo: aparelhos informam, simulam órgãos, recorrem a teorias, são manipulados por homens e servem a interesses ocultos. Mas não é isso que os caracteriza. As perguntas acima não são nada interessantes, quando se trata de aparelhos. Provêm, elas todas, do terreno industrial, quando os aparelhos, embora produtos industriais, já apontam para além do industrial: são objetos pós-industriais. Daí perguntas industriais (por exemplo, as marxistas) não mais serem competentes para aparelhos. A nossa dificuldade em defini-los se explica: aparelhos são objetos do mundo pós-industrial, para o qual ainda não dispomos de categorias adequadas.

A categoria fundamental do terreno industrial (e também do pré-industrial) é o trabalho. Instrumentos trabalham. Arrancam objetos da natureza e os informam. Aparelhos não trabalham. Sua intenção não é a de "modificar o mundo". Visam modificar a vida dos homens. De maneira que os aparelhos não são instrumentos no significado tradicional do termo. O fotógrafo não trabalha, e tem pouco sentido chamá-lo de "proletário". Já que, atualmente, a maioria dos homens está empenhada em aparelhos, não tem sentido falar em proletariado. Devemos repensar nossas categorias, se quisermos analisar nossa cultura.

Embora fotógrafos não trabalhem, agem. Esse tipo de atividade sempre existiu. O fotógrafo produz símbolos, manipula-os e os armazena. Escritores, pintores, contadores, administradores sempre fizeram o mesmo. O resultado desse tipo de atividade são mensagens: livros, quadros, contas, projetos. Não servem para serem consumidos, mas para informarem: serem lidos, contemplados, analisados e levados em conta nas decisões futuras. Essas pessoas não são trabalhadores, mas informadores. Pois atualmente a atividade de produzir, manipular e armazenar símbolos (atividade que não é trabalho no sentido tradicional) vai sendo exercida por aparelhos. E tal atividade vai dominando, programando e controlando todo trabalho no sentido tradicional do termo. A maioria da sociedade está empenhada nos aparelhos dominadores, programadores e controladores. Outrora, antes que aparelhos fossem inventados, a atividade desse tipo se chamava "terciária", já que não dominava. Atualmente, ocupa o centro da cena. Querer definir aparelhos é querer elaborar categorias apropriadas à cultura pós-industrial que está surgindo.

Se considerarmos o aparelho fotográfico sob tal prisma, constataremos que o *estar programado* é que o caracteriza. As superfícies simbólicas que produz estão, de alguma forma, inscritas previamente ("programadas", "pré-escritas") por aqueles que o produziram. As fotografias são realizações de algumas das potencialidades inscritas no aparelho. O número de potencialidades é grande, mas limitado: é a soma de todas as fotografias fotografáveis por esse aparelho. A cada fotografia realizada, diminui o número de potencialidades, aumentando o número de realizações: o programa vai se esgotando e o universo fotográfico vai se realizando. *O fotógrafo age em prol do esgotamento do programa e em prol da realização do universo fotográfico.* Já que o programa é muito "rico", o fotógrafo se esforça por descobrir potencialidades ignoradas. O fotógrafo manipula o aparelho, o apalpa, olha para dentro e através dele, a fim de descobrir sempre novas potencialidades. Seu interesse está concentrado no aparelho, e o mundo lá fora só interessa em função do programa. Não está empenhado em modificar o mundo, mas em obrigar o aparelho a revelar suas potencialidades. O fotógrafo não trabalha com o aparelho, mas brinca com ele. Sua atividade evoca a do enxadrista: este também procura lance "novo", a fim de realizar uma das virtualidades ocultas no programa do jogo. E tal comparação facilita a definição que tentamos formular.

Aparelho é brinquedo e não instrumento no sentido tradicional. E o homem que o manipula não é trabalhador, mas jogador: não mais *homo faber*, mas *homo ludens*. E tal homem não brinca *com* seu brinquedo, mas *contra* ele. Procura esgotar-lhe o programa. Por assim dizer, penetra o aparelho a fim de descobrir-lhe as manhas. De maneira que o "funcionário" não se encontra cercado de instrumentos (como o artesão pré-industrial), nem está submisso à máquina (como o proletário industrial), mas encontra-se no interior do aparelho. Trata-se de função nova, na qual o homem não é constante nem variável, mas está indelevelmente amalgamado ao aparelho. Em toda função aparelhística, funcionário e aparelho se confundem.

Para funcionar, o aparelho precisa de programa "rico". Se fosse "pobre", o funcionário o esgotaria, e isso seria o fim do jogo. As potencialidades contidas no programa devem exceder a capacidade do funcionário para esgotá-las. A competência do aparelho deve ser superior à competência do funcionário. A competência do aparelho fotográfico deve ser superior em *número de fotografias* à competência do fotógrafo que o manipula. Em outros termos, a competência do fotógrafo deve ser apenas parte da competência do aparelho. De maneira que o programa do aparelho deve ser impenetrável para o fotógrafo, em sua totalidade. Na procura de potencialidades escondidas no programa do aparelho, o fotógrafo nele se perde.

Um sistema assim tão complexo é jamais penetrado totalmente, e pode chamar-se *caixa preta*. Não fosse o aparelho fotográfico caixa preta, de nada serviria ao jogo do fotógrafo: seria jogo infantil, monótono. A *pretidão* da caixa é seu desafio, porque, embora o fotógrafo se perca em sua barriga preta, consegue, curiosamente, dominá-la. O aparelho funciona, efetiva e curiosamente em função da intenção do fotógrafo. Isso porque o fotógrafo domina o *input* e o *output* da caixa: sabe com que alimentá-la e como fazer para que ela cuspa fotografias. Domina o aparelho, sem, no entanto, saber o que se passa no interior da caixa. Pelo domínio do *input* e do *output*, o fotógrafo domina o aparelho, mas, pela ignorância dos processos no interior da caixa, é por ele dominado. Tal amálgama de dominações — funcionário dominando aparelho que o domina — caracteriza todo funcionamento de aparelhos. Em outras palavras, funcionários dominam jogos para os quais não podem ser totalmente competentes.

Os programas dos aparelhos são compostos de símbolos permutáveis.

Funcionar é permutar símbolos programados. Um exemplo anacrônico pode ilustrar tal jogo: o escritor pode ser considerado funcionário do aparelho "língua". Brinca com símbolos contidos no programa linguístico, com "palavras", permutando-os segundo as regras do programa. Destarte, vai esgotando as potencialidades do programa linguístico e enriquecendo o universo linguístico, a "literatura". O exemplo é anacrônico porque a língua não é verdadeiro aparelho. Não foi produzida deliberadamente, nem recorreu a teorias científicas, como no caso de aparelhos verdadeiros. Mas serve de exemplo ao funcionamento de aparelhos.

O escritor informa objetos durante seu jogo: coloca letras sobre páginas brancas. Tais letras são símbolos decifráveis. Aparelhos fazem o mesmo. Há aparelhos, porém, que o fazem "melhor" que escritores, pois podem informar objetos com símbolos que não significam fenômenos, como no caso das letras, mas que significam movimentos dos próprios objetos. Tais objetos assim informados vão decifrando os símbolos e passam a movimentar-se. Por exemplo, podem executar os movimentos de trabalho. Podem, portanto, substituir o trabalho humano. Emancipam o homem do trabalho, liberando-o para o jogo.

O aparelho fotográfico ilustra o fato: enquanto objeto, está programado para produzir, *automaticamente*, fotografias. Nesse aspecto, é instrumento inteligente. E o fotógrafo, emancipado do trabalho, é liberado para brincar com o aparelho. O aspecto instrumental do aparelho passa a ser desprezível, e o que interessa é apenas o seu aspecto *brinquedo*. Quem quiser captar a essência do aparelho, deve procurar distinguir o aspecto instrumental do seu aspecto brinquedo, coisa nem sempre fácil, porque implica o problema da hierarquia de programas, problema central para a captação do funcionamento.

Uma distinção deve ser feita: hardware e software. Enquanto *objeto duro*, o aparelho fotográfico foi programado para produzir automaticamente fotografias; enquanto *coisa mole*, impalpável, foi programado para permitir ao fotógrafo produzir fotografias deliberadas automaticamente. São dois programas que se coimplicam. Por trás destes, há outros. O da fábrica de aparelhos fotográficos: aparelho programado para programar aparelhos. O do parque industrial: aparelho programado para programar indústrias de aparelhos fotográficos e outros. O socioeconômico: aparelho programado para programar o aparelho industrial, comercial e administrativo. O político-cultural: aparelho programado para programar aparelhos econômicos, culturais, ideológicos e outros. Não pode haver um "último" aparelho, nem um "programa de todos os programas". Isso porque todo programa exige metaprograma para ser programado. A hierarquia dos programas está aberta para cima.

Isso implica o seguinte: os programadores de determinado programa são funcionários de um metaprograma, e não programam em função de uma decisão sua, mas em função do metaprograma. De maneira que os aparelhos não podem ter proprietários que os utilizem em função de seus próprios interesses, como no caso das máquinas. O aparelho fotográfico funciona em função dos interesses da fábrica, e esta, em função dos interesses do parque industrial. E assim *ad infinitum*. Perdeu-se o sentido da pergunta: quem é o proprietário dos aparelhos. O decisivo em relação aos aparelhos não é quem os possui, mas quem esgota o seu programa.

O aparelho fotográfico é, por certo, objeto duro feito de plástico e aço. Mas não é isso que o torna brinquedo. Não é a madeira do tabuleiro e das pedras que torna o xadrez jogo. São as virtualidades contidas nas regras: o software. O aspecto duro dos aparelhos não é o que lhes confere valor. Ao comprar um aparelho fotográfico, não pago pelo plástico e aço, mas pelas virtualidades de realizar fotografias. De resto, o aspecto duro dos aparelhos vai se tornando sempre mais barato, e já existem aparelhos praticamente gratuitos. É o aspecto mole, impalpável e simbólico o verdadeiro portador de valor no mundo pós-industrial dos aparelhos. Transvaloração de valores; não é o objeto, mas o símbolo que vale.

Por conseguinte, não mais vale a pena possuir objetos. O *poder* passou do proprietário para o programador de sistemas. Quem possui o aparelho não exerce o poder, mas quem o programa e quem realiza o programa. O jogo com símbolos passa a ser jogo do poder. Trata-se, porém, de jogo hierarquicamente estruturado. O fotógrafo exerce poder sobre quem vê suas fotografias, programando os receptores. O aparelho fotográfico exerce poder sobre o fotógrafo. A indústria fotográfica exerce poder sobre o aparelho. E assim *ad infinitum*. No jogo simbólico do poder, este se dilui e se desumaniza. Eis o que são "sociedade informática" e "imperialismo pós-industrial".

Tais considerações permitem ensaiar a definição do termo "aparelho". Trata-se de brinquedo complexo; tão complexo que não poderá jamais ser inteiramente *esclarecido*. Seu jogo consiste na permutação de símbolos já contidos em seu programa. Tal programa se deve a meta-aparelhos. O resultado do jogo são outros programas. O jogo do aparelho implica agentes humanos, "funcionários", salvo em casos de automação total de aparelhos. Historicamente, os primeiros aparelhos (fotografia e telegrafia) foram produzidos como simulações do pensamento humano, tendo, para tanto, recorrido a teorias científicas. Em suma: aparelhos são *caixas pretas* que simulam o pensamento humano, graças a teorias científicas, as quais, como o pensamento humano, permutam símbolos contidos em sua "memória", em seu programa. *Caixas pretas* que brincam de pensar.

PÁG. 41

O aparelho fotográfico é o primeiro, o mais simples e o relativamente mais transparente de todos os aparelhos. O fotógrafo é o primeiro "funcionário", o mais ingênuo e o mais viável de ser analisado. No entanto, no aparelho fotográfico e no fotógrafo, já estão, como germes, contidas todas as virtualidades do mundo pós-industrial. Sobretudo, torna-se observável na atividade fotográfica a desvalorização do objeto e a valorização da informação como sede de poder. Portanto a análise do gesto de fotografar, esse movimento do complexo "aparelho-fotógrafo", pode ser exercida para a análise da existência humana em situação pós-industrial, aparelhada.

3. O APARELHO

4. O GESTO DE FOTOGRAFAR

Quem observar os movimentos de um fotógrafo munido de aparelho (ou de um aparelho munido de fotógrafo) estará observando movimento de caça. O antiquíssimo gesto do caçador paleolítico que persegue a caça na tundra. Com a diferença de que o fotógrafo não se movimenta em pradaria aberta, mas na floresta densa da cultura. Seu gesto é, pois, estruturado por essa taiga artificial, e toda fenomenologia do gesto fotográfico deve levar em consideração os obstáculos contra os quais o gesto se choca: reconstituir a condição do gesto.

A selva consiste em objetos culturais, portanto em objetos que contêm intenções determinadas. Tais objetos intencionalmente produzidos vedam ao fotógrafo a visão da caça. E cada fotógrafo é vedado à sua maneira. Os caminhos tortuosos do fotógrafo visam driblar as intenções escondidas nos objetos. Ao fotografar, avança contra as intenções da sua cultura. Por isso, fotografar é gesto diferente, conforme ocorra em selva de cidade ocidental ou cidade subdesenvolvida, em sala de estar ou campo cultivado. Decifrar fotografias implicaria, entre outras coisas, o deciframento das condições culturais dribladas.

A tarefa é difícil. Isso porque as condições culturais não transparecem diretamente na imagem fotográfica, mas através da triagem das categorias do aparelho. A fotografia não permite ver a condição cultural, mas apenas as categorias do aparelho, por intermédio das quais aquela condição foi "tomada". Em fenomenologia fotográfica, Kant é inevitável.

As categorias fotográficas se inscrevem no lado *output* do aparelho. São categorias de um espaço-tempo fotográfico que não é nem newtoniano nem einsteiniano. Trata-se de espaço-tempo nitidamente dividido em regiões, que são, todas elas, pontos de vista sobre a caça. Espaço-tempo cujo centro é o "objeto fotografável", cercado de regiões de pontos de vista. Por exemplo, há região espacial para visões muito próximas, outra para visões intermediárias, outra ainda para visões amplas e distanciadas. Há regiões espaciais para perspectiva de pássaro, outras para perspectiva de sapo, outras para perspectiva de criança. Há regiões espaciais para visões diretas com olhos arcaicamente abertos, e regiões para visões laterais com olhos ironicamente semifechados. Há regiões temporais para um olhar relâmpago, outras para um olhar sorrateiro, outras para um olhar contemplativo. Tais regiões formam redes, por cujas malhas, a condição cultural vai aparecendo para ser registrada.

Ao fotografar, o fotógrafo salta de região para região por cima de barreiras. Muda de um tipo de espaço e de um tipo de tempo para outros tipos. As categorias de tempo e espaço são sincronizadas de forma a poderem ser permutadas. O gesto fotográfico é um jogo de permutação com as categorias do aparelho. A fotografia revela os lances desse jogo, lances que são, precisamente, o método fotográfico para driblar as condições da cultura. O fotógrafo se emancipa da condição cultural graças ao seu jogo com as categorias. As categorias estão inscritas no programa do aparelho e podem ser manipuladas. O fotógrafo pode manipular o lado *output* do aparelho, de forma que, por exemplo, este capte a caça como relâmpago lateral vindo de baixo.

O fotógrafo "escolhe", dentre as categorias disponíveis, as que lhe parecem mais convenientes. Nesse sentido, o aparelho funciona em função da intenção do fotógrafo. Mas sua "escolha" é limitada pelo número de categorias inscritas no aparelho: escolha programada. O fotógrafo não pode inventar novas categorias, a não ser que deixe de fotografar e passe a funcionar na fábrica que programa aparelhos. Nesse sentido, a própria escolha do fotógrafo funciona em função do programa do aparelho.

A mesma involução engrenada das intenções do fotógrafo e do aparelho pode ser constatada na escolha da caça. O fotógrafo registra tudo: um rosto humano, uma pulga, um traço de partícula atômica na câmara Wilson, o interior do seu próprio estômago, uma nebulosa espiral, seu próprio gesto de fotografar no espelho. De maneira que o fotógrafo crê que está escolhendo livremente. Na realidade, porém, o fotógrafo somente pode fotografar o fotografável, isto é, o que está inscrito no aparelho. E para que algo seja fotografável, deve ser transcodificado em cena. O fotógrafo não pode fotografar processos. De maneira que o aparelho programa o fotógrafo para transcodificar tudo em cena, para *magicizar* tudo. Em tal sentido, o fotógrafo funciona, ao escolher sua caça, em função do aparelho; aparelho-fera.

Aparentemente, ao escolher sua caça e as categorias apropriadas a ela, o fotógrafo pode recorrer a critérios alheios ao aparelho. Por exemplo: ao recorrer a critérios estéticos, políticos, epistemológicos, sua intenção será a de produzir imagens belas, ou politicamente engajadas, ou que tragam conhecimentos. Na realidade, tais critérios estão, eles também, programados no aparelho da seguinte maneira: para fotografar, o fotógrafo precisa, antes de mais nada, conceber sua intenção estética, política, etc., porque necessita saber o que está fazendo ao manipular o lado *output* do aparelho. A manipulação do aparelho é gesto *técnico*, isto é, gesto que articula conceitos. O aparelho obriga o fotógrafo a transcodificar sua intenção em conceitos, antes de poder transcodificá-la em imagens. Em fotografia, não pode haver ingenuidade. Nem mesmo turistas ou crianças fotografam ingenuamente. Agem conceitualmente, porque tecnicamente. Toda intenção estética, política ou epistemológica deve, necessariamente, passar pelo crivo da conceituação antes de resultar em imagem. O aparelho foi programado para isso. Fotografias são imagens de conceitos, são conceitos transcodificados em cenas.

As possibilidades fotográficas são praticamente inesgotáveis. Tudo o que é fotografável pode ser fotografado. A imaginação do aparelho é praticamente infinita. A imaginação do fotógrafo, por maior que seja, está inscrita nessa enorme imaginação do aparelho. Aqui está, precisamente, o desafio. Há regiões na imaginação do aparelho que são relativamente bem exploradas. Em tais regiões, é sempre possível fazer novas fotografias; porém, embora novas, são redundantes. Outras regiões são quase inexploradas. O fotógrafo nelas navega, regiões nunca dantes navegadas, para produzir imagens jamais vistas. Imagens "informativas". O fotógrafo caça, a fim de descobrir visões até então jamais percebidas. E quer descobri-las no interior do aparelho.

Na realidade, o fotógrafo procura estabelecer situações jamais existentes antes. Quando caça na taiga, não significa que esteja procurando por novas situações lá fora na taiga, mas sua busca são pretextos para novas situações no interior do aparelho. Situações que estão programadas sem terem ainda sido realizadas. Pouco vale a pergunta metafísica: as situações, antes de serem fotografadas, se encontram lá fora, no mundo, ou cá dentro, no aparelho? O gesto fotográfico desmente todo realismo e idealismo. As novas situações vão se tornar reais quando aparecerem na fotografia. Antes, não passam de virtualidades. O fotógrafo-e-o-aparelho é que as realiza. Inversão do vetor da significação: não o significado, mas o significante é a realidade. Não o que se passa lá fora, nem o que está inscrito no aparelho; a fotografia é a realidade.

4. O GESTO DE FOTOGRAFAR

Tal inversão do vetor da significação caracteriza o mundo pós-industrial, todo funcionamento.

O gesto fotográfico é uma série de saltos. O fotógrafo salta por cima das barreiras que separam as várias regiões do espaço-tempo. É gesto quântico, procura saltitante. Toda vez que o fotógrafo esbarra contra barreiras, se detém, para depois decidir em que região do tempo e do espaço vai saltar a partir desse ponto. Tal parada e subsequente decisão se manifestam pela manipulação determinada do aparelho. Esse tipo de procura tem nome: dúvida. Mas não se trata de dúvida científica, nem existencial, nem religiosa. É dúvida de tipo novo, que mói a hesitação e as decisões em grão de areia. Sendo tal dúvida uma característica de toda existência pós-industrial, merece ser examinada mais de perto. Toda vez que o fotógrafo esbarra contra um limite de determinada categoria fotográfica, hesita, porque está descobrindo que há outros pontos de vista disponíveis no programa. Está descobrindo a equivalência de todos os pontos de vista programados em relação à cena a ser produzida. É a descoberta do fato de que toda situação está cercada de numerosos pontos de vista equivalentes. E que todos esses pontos de vista são acessíveis. Com efeito: o fotógrafo hesita, porque está descobrindo que seu gesto de caçar é movimento de escolha entre pontos de vista equivalentes, e o que vale não é determinado ponto de vista, mas um número máximo de pontos de vista. Escolha quantitativa, não qualitativa.

PÁG. 49

O tipo novo de dúvida pode ser chamado de fenomenológico, porque cerca o fenômeno (a cena a ser realizada) a partir de um máximo de aspectos. Mas a *mathesis* (a estrutura fundante) dessa dúvida fenomenológica é, no caso da fotografia, o programa do aparelho. Duas coisas devem ser, portanto, retidas: 1. A práxis fotográfica é contrária a toda ideologia; ideologia é agarrar-se a um único ponto de vista, tido por referencial, recusando todos os demais; o fotógrafo age pós-ideologicamente; 2. A práxis fotográfica é programada; o fotógrafo somente pode agir dentro das categorias programadas no aparelho. Essa ação pós-ideológica e programada, que se funda sobre a dúvida fenomenológica despreconceituada, caracteriza a existência de todo funcionário e tecnocrata.

Finalmente, no gesto fotográfico, uma decisão última é tomada: apertar o gatilho (assim como o presidente americano finalmente aperta o botão vermelho). De fato, o gesto do fotógrafo é menos catastrófico que o do presidente. Mas é decisivo. Na realidade, essas decisões não são senão as últimas de uma série de decisões parciais. O último grão de uma série de grãos, que, no caso do presidente, pode ser a gota d'água. Uma decisão quantitativa. No caso do fotógrafo, resulta apenas na fotografia. Isso explica porque nenhuma fotografia individual pode efetivamente ficar isolada: apenas séries de fotografias podem revelar a intenção do fotógrafo. Porque nenhuma decisão é realmente decisiva, nem sequer a do presidente ou do secretário-geral do

4. O GESTO DE FOTOGRAFAR

partido. Todas as decisões fazem parte de séries "claras" e "distintas". Em outros termos, são decisões programadas.

Tais considerações permitem resumir as características do gesto de fotografar: é gesto caçador no qual aparelho e fotógrafo se confundem para formar uma unidade funcional inseparável. O propósito desse gesto unificado é produzir fotografias, isto é, superfícies nas quais se realizam simbolicamente cenas. Estas significam conceitos programados na memória do fotógrafo e do aparelho. A realização se dá graças a um jogo de permutação entre os conceitos, e graças a uma automática transcodificação de tais conceitos permutados em imagens. A estrutura do gesto é quântica: série de hesitações e decisões claras e distintas. Tais hesitações e decisões são saltos de pontos de vista para pontos de vista. O motivo do fotógrafo, em tudo isso, é realizar cenas jamais vistas, "informativas".

Seu interesse está concentrado no aparelho. Esta descrição não se aplica, em suas linhas gerais, apenas ao fotógrafo, mas a qualquer funcionário, desde o empregado de banco ao presidente americano.

O resultado do gesto fotográfico são fotografias, esse tipo de superfícies que nos cerca atualmente por todos os lados. De maneira que a consideração do gesto fotográfico pode ser a avenida de acesso a tais superfícies onipresentes.

5. A FOTOGRAFIA

Fotografias são onipresentes: coladas em álbuns, reproduzidas em jornais, expostas em vitrines, paredes de escritórios, afixadas contra muros sob forma de cartazes, impressas em livros, latas de conservas, camisetas. Que significam tais fotografias? Segundo as considerações precedentes, significam conceitos programados, visando programar magicamente o comportamento de seus receptores. Mas não é o que se vê quando para elas se olha. Vistas ingenuamente, significam cenas que se imprimiram automaticamente sobre superfícies. Mesmo um observador ingênuo admitiria que as cenas se imprimiram a partir de um determinado ponto de vista. Mas o argumento não lhe convém. O fato relevante para ele é que as fotografias abrem ao observador visões do mundo. Toda filosofia da fotografia não passa, para ele, de ginástica mental para alienados.

No entanto, se o observador ingênuo percorrer o universo fotográfico que o cerca, não poderá deixar de ficar perturbado. Era de se esperar: o universo fotográfico supostamente representa o mundo lá fora. A vantagem é permitir que se vejam as cenas inacessíveis e preservar as passageiras (o que, afinal de contas, se admitido, já é uma filosofia da fotografia rudimentar).

Mas será verdade? Se assim for, como explicar que existem fotografias em preto e branco e fotografias em cores? Haverá, lá fora no mundo, cenas em preto e branco e cenas coloridas? Senão, qual a relação entre o universo das fotografias e o universo lá fora? Inadvertidamente, o observador ingênuo se encontra mergulhado em plena filosofia da fotografia, a qual pretendeu evitar.

Não pode haver, no mundo lá fora, cenas em preto e branco. Isso porque o preto e o branco são situações "ideais", situações-limite. O branco é presença total de todas as vibrações luminosas; o preto é a ausência total. O preto e o branco são conceitos que fazem parte de uma determinada teoria da óptica. De maneira que cenas em preto e branco não existem. Mas fotografias em preto e branco, estas sim, existem. Elas "imaginam" determinados conceitos de determinada teoria, graças à qual são produzidas *automaticamente*. Aqui, porém, o termo "automaticamente" não pode mais satisfazer o observador ingênuo do universo da fotografia. Quanto ao problema da crítica da fotografia, eis o ponto crítico: ao contrário da pintura, onde se procura decifrar *ideias*, o crítico de fotografia deve decifrar, além disso, *conceitos*.

O preto e o branco não existem no mundo, o que é grande pena. Caso existissem, se o mundo lá fora pudesse ser captado em preto e branco, tudo passaria a ser logicamente explicável. Tudo no mundo seria então ou preto ou branco, ou intermediário entre os dois extremos. O desagradável é que tal intermediário não seria em cores, mas cinzento... a cor da teoria. Eis como a análise lógica do mundo, seguida de síntese, não resulta em sua reconstituição. As fotografias em preto e branco o provam, são cinzentas: imagens de teorias (ópticas e outras) a respeito do mundo.

A tentativa de imaginar o mundo em preto e branco é antiga. Faltavam apenas os aparelhos adequados a tal imaginação. Dois exemplos desse maniqueísmo pré-fotográfico: 1. Abstraiam-se do universo dos juízos os *verdadeiros* e os *falsos*. Graças a tal abstração, pode ser construída a lógica aristotélica, com sua identidade, diferença e o terceiro excluído. Essa lógica, por sua vez, vai contribuir para a construção da ciência moderna. Ora, a ciência funciona de fato, embora não existam juízos inteiramente verdadeiros ou inteiramente falsos, e embora toda análise lógica de juízos os reduza a zero; 2. Abstraiam-se do universo das ações as *boas* e as *más*. Graças a tal abstração, podem ser construídas ideologias (religiosas, políticas, etc.). Essas ideologias, por sua vez, vão contribuir para a construção de sociedades sistematizadas. Ora, os sistemas funcionam de fato, embora não existam ações inteiramente boas ou inteiramente más, e embora toda ação se reduza, sob análise ideológica, a movimentos de fantoche. As fotografias em preto e branco são resultados desse tipo de maniqueísmo munido de aparelho. Funcionam.

E funcionam da seguinte forma: transcodificam determinadas teorias (em primeiro lugar, teorias

da óptica) em imagem. Ao fazê-lo, *magicizam* tais teorias. Transformam seus conceitos em cenas.
As fotografias em preto e branco são a magia do pensamento teórico, conceitual, e é precisamente nisso que reside seu fascínio. Revelam a beleza do pensamento conceitual abstrato. Muitos fotógrafos preferem fotografar em preto e branco porque tais fotografias mostram o verdadeiro significado dos símbolos fotográficos: o universo dos conceitos.

As primeiras fotografias eram, todas, em preto e branco, demonstrando que se originavam de determinada teoria da óptica. A partir do progresso da química, tornou-se possível a produção de fotografias em cores. Aparentemente, pois, as fotografias começaram a abstrair as cores do mundo, para depois as reconstituírem. Na realidade, porém, as cores são tão teóricas quanto o preto e o branco. O verde do bosque fotografado é imagem do conceito "verde", tal como foi elaborado por determinada teoria química. O aparelho foi programado para transcodificar tal conceito em imagem. Há, por certo, ligação indireta entre o verde do bosque fotografado e o verde do bosque lá fora: o conceito científico "verde" se apoia, de alguma forma, sobre o verde percebido. Mas entre os dois verdes se interpõe toda uma série de codificações complexas. Mais complexas ainda do que as que se interpõem entre o cinzento do bosque fotografado em preto e branco e o verde do bosque lá fora. De maneira que a fotografia em cores é mais abstrata que a fotografia em preto e branco. Mas as fotografias em cores escondem, para o ignorante em química, o grau de abstração que lhe deu origem. As brancas e pretas são, pois, mais "verdadeiras". E quanto mais "fiéis" se tornarem as cores das fotografias, mais estas serão mentirosas, escondendo ainda melhor a complexidade teórica que lhes deu origem. (Exemplos: "verde Kodak" contra "verde Fuji".)

O que vale para as cores vale, igualmente, para todos os elementos da imagem. São, todos eles, conceitos transcodificados que pretendem ser impressões automáticas do mundo lá fora. Tal pretensão precisa ser decifrada por quem quiser receber a verdadeira mensagem das fotografias: conceitos programados. Destarte, o observador ingênuo se vê obrigado, *malgré lui*, a mergulhar no torvelinho das reflexões filosóficas que procurou eliminar, por considerá-las ginástica mental alienada.

Concordemos quanto ao que pretendemos dizer por *deciframento*. Que faço ao decifrar um texto em alfabeto latino? Decifro o significado das letras, esses determinados sons da língua falada? Decifro o significado das palavras compostas de tais letras? Decifro o significado das frases compostas de tais palavras? Ou devo procurar, por trás do significado das frases, outros significados, como a intenção do autor e o contexto cultural no qual o texto foi codificado? Para decifrar o significado da fotografia do bosque verde, bastaria ter decifrado os conceitos científicos que codificaram a fotografia, ou devo ir mais longe? Assim colocada, a questão do deciframento não terá resposta satisfatória, já que todo nível de deciframento assentará sobre mais um a ser decifrado. Mas podemos, no caso da fotografia, evitar esse regresso ao infinito. Para decifrar fotografias não preciso mergulhar até o fundo da intenção codificadora, no fundo da cultura, da qual as fotografias, como todo símbolo, são pontas de icebergs. Basta decifrar o processo codificador que se passa durante o gesto fotográfico, no movimento do complexo "fotógrafo-aparelho". Se conseguíssemos captar a involução inseparável das intenções codificadoras do fotógrafo e do aparelho, teríamos decifrado, satisfatoriamente, a fotografia resultante. Tarefa aparentemente reduzida, mas na realidade gigantesca. Precisamente por serem tais intenções inseparáveis, e por se articularem de forma específica em toda e qualquer fotografia a ser criticada.

No entanto o deciframento de fotografias é possível, porque, embora inseparáveis, as intenções do fotógrafo e do aparelho podem ser distinguidas.

Esquematicamente, a intenção do fotógrafo é esta: 1. codificar, em forma de imagens, os conceitos que tem na memória; 2. servir-se do aparelho para tanto; 3. fazer de tais imagens de modelos para outros homens; 4. fixar tais imagens para sempre. Resumindo: A intenção é a de eternizar seus conceitos em forma de imagens acessíveis a outros, a fim de se eternizar nos outros. Esquematicamente, a intenção programada no aparelho é esta: 1. codificar os conceitos inscritos no seu programa, em forma de imagens; 2. servir-se de um fotógrafo, a menos que esteja programado para fotografar automaticamente; 3. fazer de tais imagens modelos para homens; 4. fazer imagens sempre mais aperfeiçoadas. Resumindo: a intenção programada no aparelho é a de realizar o seu programa, ou seja, programar os homens para que lhe sirvam de feedback para o seu contínuo aperfeiçoamento.

Mas por trás da intenção do aparelho fotográfico há intenções de outros aparelhos. O aparelho fotográfico é produto do aparelho da indústria fotográfica, que é produto do aparelho do parque industrial, que é produto do aparelho socioeconômico e assim por diante. Através de toda essa hierarquia de aparelhos, corre uma única e gigantesca intenção, que se manifesta no *output* do aparelho fotográfico: fazer os aparelhos programarem a sociedade para um comportamento propício ao constante aperfeiçoamento dos aparelhos.

Se compararmos as intenções do fotógrafo e do aparelho, constataremos pontos de convergência e divergência. Nos pontos convergentes, aparelho e fotógrafo colaboram; nos divergentes, se combatem. Toda fotografia é resultado de tal colaboração e combate. Ora, colaboração e combate se confundem. Determinada fotografia só é decifrada quando analisarmos como a colaboração e o combate nela se relacionam.

No confronto com determinada fotografia, eis o que o crítico deve perguntar: até que ponto conseguiu o fotógrafo apropriar-se da intenção do aparelho e submetê-la à sua própria? Que métodos utilizou: astúcia, violência, truques? Até que ponto conseguiu o aparelho apropriar-se da intenção do fotógrafo e desviá-la para os propósitos nele programados? Responder a tais perguntas é ter os critérios para julgá-la. As fotografias "melhores" seriam aquelas que evidenciam a vitória da intenção do fotógrafo sobre o aparelho: a vitória do homem sobre o aparelho. Forçoso é constatar que, muito embora existam tais fotografias, o universo fotográfico demonstra até que ponto o aparelho já consegue desviar os propósitos dos fotógrafos para os fins programados. A função de toda crítica fotográfica seria, precisamente, revelar o desvio das intençoes humanas em prol dos aparelhos. Não dispomos ainda de tal crítica da fotografia, por razões que serão discutidas nos próximos capítulos.

Confesso que o presente capítulo, embora se chame "A fotografia", não considerou algumas das mais importantes características da fotografia. Minha desculpa é que seu propósito era outro: abrir caminho para o deciframento de fotografias. Resumo, pois, o que pretendi dizer: fotografias são imagens técnicas que transcodificam conceitos em superfícies. Decifrá-las é descobrir o que os conceitos significam. Isso é complicado, porque na fotografia se amalgamam duas intenções codificadoras: a do fotógrafo e a do aparelho. O fotógrafo visa eternizar-se nos outros por intermédio da fotografia. O aparelho visa programar a sociedade através das fotografias para um comportamento que lhe permita se aperfeiçoar. A fotografia é, pois, mensagem que articula ambas as intenções codificadoras. Enquanto não existir crítica fotográfica que revele essa ambiguidade do código fotográfico, a intenção do aparelho prevalecerá sobre a intenção humana.

6. A DISTRIBUIÇÃO DA FOTOGRAFIA

As características que distinguem a fotografia das demais imagens técnicas se revelam ao considerarmos como são distribuídas. As fotografias são superfícies imóveis e mudas que esperam, pacientemente, serem distribuídas pelo processo de multiplicação ao infinito. São folhas. Podem passar de mão em mão, não precisam de aparelhos técnicos para serem distribuídas. Podem ser guardadas em gavetas, não exigem memórias sofisticadas para seu armazenamento. No entanto, antes de considerarmos sua característica de *folha de papel*, refletiremos, por pouco que seja, sobre o problema da distribuição de informações.

O homem é capaz de produzir informações, transmiti-las e guardá-las. Tal capacidade humana é antinatural, já que a natureza como um todo é um sistema que tende, conforme o segundo princípio da termodinâmica, a se desinformar. Há fenômenos, por certo, na natureza (sobretudo os organismos vivos) que são igualmente capazes de produzir informações e de transmiti-las e guardá-las. O homem não é o único epiciclo negativamente entrópico, na linha geral da natureza, rumo à entropia. Mas o homem parece ser o único fenômeno capaz de produzir informações com o propósito deliberado de se opor à entropia.

Capaz de transmitir e guardar informações não apenas *herdadas*, mas *adquiridas*. Podemos chamar tal capacidade especificamente humana de *espírito* e seu resultado, de *cultura*.

O processo dessa manipulação de informações é a comunicação, que consiste em duas fases: na primeira, informações são produzidas; na segunda, informações são distribuídas para serem guardadas. O método da primeira fase é o *diálogo*, pelo qual informações já guardadas na memória são sintetizadas para resultarem em novas (há também *diálogo interno*, que ocorre em memória isolada).

O método da segunda fase é o *discurso*, pelo qual informações adquiridas no diálogo são transmitidas a outras memórias, a fim de serem armazenadas.

Há quatro estruturas fundamentais de discurso: 1. os receptores cercam o emissor em forma de semicírculo, como no teatro; 2. o emissor distribui a informação entre retransmissores, que a purificam de ruídos, para retransmiti-la a receptores, como no Exército ou feudalismo; 3. o emissor distribui a informação entre círculos dialógicos, que a inserem em sínteses de informação nova, como na ciência; 4. o emissor emite a informação rumo ao espaço vazio, para ser captada por quem nele se encontra, como no rádio. A todo método discursivo corresponde determinada situação cultural: o primeiro método exige situação "responsável"; o segundo, "autoritária"; o terceiro, "progressista"; o quarto, "massificada". A distribuição das fotografias se dá pelo quarto método discursivo.

Fotografias podem ser manipuladas dialogicamente. Por exemplo, é possível desenhar-se em cartazes fotográficos bigodes ou outros símbolos obscenos, criando assim informação nova. Mas o aparelho fotográfico é programado para distribuição discursiva rumo ao espaço vazio, como o fazem a televisão e o rádio. Todas as imagens técnicas são assim programadas, salvo o vídeo, que permite interação dialógica.

Mas o que distingue as fotografias das demais imagens técnicas é que são folhas. E por isso se assemelham a folhetos. Filmes, para serem distribuídos, necessitam de aparelhos projetores; fitas de vídeo, de aparelhos televisores. Fotografias de nada precisam.

É verdade que existem dispositivos, e que recentemente foram inventadas fotografias eletrônicas, que exigem distribuição por aparelhos. Porém o que conta em fotografias é a possibilidade de serem distribuídas arcaicamente. Por serem relativamente arcaicas, as fotografias relembram um passado pré-industrial, o das pinturas imóveis e caladas, como em paredes de caverna, vitrais, telas. Ao contrário do cinema, as fotografias não se movem, nem falam. Seu arcaísmo provém da subordinação a um suporte material: papel ou coisa parecida. Mas essa "objetividade" residual engana.

6. A DISTRIBUIÇÃO DA FOTOGRAFIA

Um quadro tradicional é um *original*: único e não multiplicável. Para distribuir quadros, é preciso transportá-los de proprietário a proprietário. Quadros devem ser *apropriados* para serem distribuídos: comprados, roubados, ofertados. São objetos que têm valor enquanto objetos. Prova disso é que os quadros atestam seu produtor: traços do pincel, por exemplo. A fotografia, por sua vez, é multiplicável. Distribuí-la é multiplicá-la. O aparelho produz protótipos cujo destino é serem estereotipados. O termo "original" perdeu sentido, por mais que certos fotógrafos se esforcem para transportá-lo da situação artesanal à situação pós-industrial, em que as fotografias funcionam. Ademais, não são tão arcaicas quanto parecem.

A fotografia enquanto objeto tem valor desprezível. Não tem muito sentido querer possuí-la. Seu valor está na informação que transmite. Com efeito, a fotografia é o primeiro objeto pós-industrial: o valor se transferiu do objeto para a informação. Pós-indústria é precisamente isto: desejar informação e não mais objetos. Não mais possuir e distribuir propriedades (capitalismo ou socialismo). Trata-se de dispor de informações (sociedade informática). Não mais um par de sapato, mais um móvel, porém, mais uma viagem, mais uma escola. Eis a meta. Transformação de valores, tornada palpável nas fotografias.

Certamente objetos carregam informações, e é o que lhes confere valores. Sapato e móvel são informações armazenadas. Mas, em tais objetos, a informação está impregnada, não pode se descolar, apenas ser gasta. Na fotografia, a informação está na superfície e pode ser reproduzida em outras superfícies, tão pouco valorosas quanto as primeiras. A distribuição da fotografia ilustra, pois, a decadência do conceito *propriedade*. Não mais *quem possui* tem poder, mas sim *quem programa* informações e as distribui. Neoimperialismo. Se determinado cartaz rasgar com o vento, nem por isso o poder da agência publicitária, programadora do cartaz, ficará diminuído. O cartaz nada vale e não tem sentido querer possuí-lo. Pode ser substituído por outro. A comparação da fotografia com quadros impõe repensar valores econômicos, políticos, éticos, estéticos e epistemológicos do passado.

A decadência do objeto e a emergência da informação evidenciam-se melhor em fotografias que nas demais imagens técnicas que nos cercam. O receptor de filme ou de programa de TV não segura nada em sua mão, mas o receptor da fotografia ainda tem um objeto entre os dedos, e o despreza. Vivencia concretamente o quanto ficaram desprezíveis os objetos. Ao segurar a fotografia entre os dedos, o receptor se engaja contra o objeto e em favor da informação, símbolo da superfície da fotografia. Exatamente como faz o receptor de folheto. Após decifrada a mensagem simbólica, a folha pode ser descartada. No entanto o paralelismo entre fotografia e folheto não deve ser exagerado. Ambos são objetos desprezíveis, por certo. Mas a intenção da fotografia é oposta à do folheto: transcodifica a mensagem linear do folheto em imagem. Quer *magicizá-la*. A fotografia é antifolheto. Para prová-lo, basta considerar como fotografias são distribuídas.

Embora não necessitem de aparelhos técnicos para sua distribuição, as fotografias provocaram a construção de aparelhos de distribuição gigantescos e sofisticados. Aparelhos que se colam sobre o buraco *output* do aparelho fotográfico a fim de sugarem as fotografias por ele cuspidas, multiplicá-las e derramá-las sobre a sociedade, por milhares de canais. O aparelho de distribuição passa a fazer parte integrante do aparelho fotográfico, e o fotógrafo age em função dele. Tais aparelhos, assim como os demais, são programados para programar os seus receptores em prol de um comportamento propício ao seu funcionamento, cada vez mais aperfeiçoado. Sua distinção dos demais aparelhos é o fato de dividirem as fotografias em vários braços, antes de distribuí-las. Tal divisão distribuidora caracteriza as fotografias.

Todas as informações podem ser subdivididas em classes. Por exemplo, informações *indicativas* ("A é A"); *imperativas* ("A deve ser A"); *optativas* ("que A seja A"). O ideal clássico dos indicativos é a verdade; dos imperativos, a bondade; dos optativos, a beleza. Na realidade, porém, a classificação é insustentável. Todo indicativo científico tem aspectos políticos e estéticos; todo imperativo político tem aspectos científicos e estéticos; todo gesto optativo (obra de arte) tem aspectos científicos e políticos. De maneira que toda classificação de informações é mera teoria.

Os aparelhos distribuidores de fotografias transformam-nas em práxis. Há canais para fotografias *indicativas*, por exemplo, livros científicos e jornais diários. Há canais para fotografias *imperativas*, por exemplo, cartazes de propaganda comercial e política. E há canais para fotografias *artísticas*, por exemplo, revistas, exposições e museus. No entanto tais canais dispõem de dispositivos que permitem a determinadas fotografias deslizarem de um canal a outro. Fotografias do homem na Lua podem transitar entre revista de astronomia e parede de consulado americano, daí para exposição artística, e daí para álbum de um ginasiano. A cada vez que troca de canal, a fotografia muda de significado: de científica passa a ser política, artística, privativa. A divisão das fotografias em canais de distribuição não é operação meramente mecânica: trata-se de operação de transcodificação. Algo a ser levado em consideração por toda crítica de fotografia.

O fotógrafo colabora nessa transcodificação da fotografia pelos aparelhos de distribuição, e o faz de maneira *sui generis*. Ao fotografar, visa a determinado canal para distribuir sua fotografia. Fotografa em função de determinada publicação científica, determinado jornal, determinada exposição, ou

6. A DISTRIBUIÇÃO DA FOTOGRAFIA

simplesmente em função de seu álbum. Do ponto de vista do fotógrafo, duas razões o movem: primeira, o canal lhe permitirá alcançar grande número de receptores, pois seu engajamento é precisamente eternizar-se num máximo de pessoas; segunda, o canal vai sustentá-lo economicamente, pois a fotografia, enquanto objeto desprezível, não tem valor de troca. Em suma: o canal é para o fotógrafo um método para torná-lo imortal e não morrer de fome (quanto ao álbum, por ser canal *sui generis*, aparentemente "privado", será discutido no capítulo seguinte).

No canal, a intenção do fotógrafo e do aparelho se coimplicam pela mesma involução já discutida: o fotógrafo fotografa em função de um jornal determinado, porque este lhe permite alcançar centenas de milhares de receptores e porque o paga. O fotógrafo crê estar utilizando o jornal como *medium*, enquanto o jornal crê estar utilizando o fotógrafo em função de seu programa. Do ponto de vista do jornal, quando a fotografia recodifica os artigos lineares em imagens, "ilustrando-os", está permitindo a programação mágica dos compradores do jornal em comportamento adequado. Ao fotografar, o fotógrafo sabe que sua fotografia será aceita pelo jornal somente se esta se enquadrar em seu programa. De maneira que vai procurar driblar tal censura ao contrabandear na fotografia elementos estéticos, políticos e epistemológicos não previstos no programa. Vai procurar submeter a intenção do jornal à sua. Este, por sua vez, embora possa descobrir tal tentativa astuciosa, pode vir a aceitar a fotografia com o propósito de enriquecer seu programa. Vai procurar recuperar a intenção subversiva. Pois bem, o que vale para jornais, vale para os demais canais de distribuição de fotografias, uma vez que todos revelarão, sob análise crítica, a luta dramática entre a intenção do fotógrafo e a do aparelho distribuidor de fotografias.

Tal crítica é rara. Os críticos não reconhecem, via de regra, a função codificadora do canal distribuidor na fotografia criticada. Assumem, como um dado não criticável, que canais científicos distribuem fotografias científicas; que agências de propaganda distribuem fotografias publicitárias; que galerias de arte distribuem fotografias de arte. Dessa maneira, os críticos tornam invisíveis os canais distribuidores de fotografias. Funcionam em função da intenção de tais canais, os quais, precisamente, se querem invisíveis. Para isso os críticos são pagos: eis sua função no interior dos aparelhos. Ao calarem os críticos sobre a luta entre fotógrafo e canal, colaboram com os aparelhos em sua intenção de absorver a intenção do fotógrafo contra o aparelho. Trata-se de "colaboração" no significado pejorativo de *trahison des clercs*,[1] e ilustra a função dos intelectuais em situação na qual aparelhos dominam. Ao formularem perguntas do tipo "fotografia é arte?", ou "o que é fotografia politicamente engajada?", sem admitirem que tais perguntas vão sendo

[1] Do livro de Julien Benda, *A Traição dos Intelectuais*.

respondidas automaticamente pelos canais, os críticos contribuem para o ocultamento dos aparelhos programadores.

Ao considerarmos a distribuição de fotografias, esbarramos naquilo que as distingue das demais imagens técnicas: são imagens imóveis e mudas do tipo "folha", e podem ser infinitamente reproduzidas; poderiam ser distribuídas como folhetos, no entanto o são por aparelhos gigantescos que as irradiam por discurso massificante; enquanto objetos, as fotografias não têm valor: este reside na informação que guardam superficialmente; são, portanto, objetos pós-industriais: o interesse se desvia para a informação e não para o objeto que se abandona; antes de serem distribuídas, as fotografias são transcodificadas pelo aparelho de distribuição, a fim de serem subdivididas em canais diferentes; somente dentro do canal, do *medium*, adquirem seu último significado; nessa transcodificação, cooperam tanto o fotógrafo quanto o aparelho. Esse fato é silenciado pela maior parte da crítica, o que torna os aparelhos de distribuição invisíveis para os receptores das fotografias. Graças a tal crítica "funcional", o receptor da fotografia vai recebê-la de modo não crítico. E será assim que os aparelhos de distribuição poderão programar o receptor para comportamento mágico que sirva de *feedback* para seus aparelhos.

7. A RECEPÇÃO DA FOTOGRAFIA

De modo geral, todo mundo possui um aparelho fotográfico e fotografa, assim como, praticamente, todo mundo está alfabetizado e produz textos. Quem sabe escrever, sabe ler; logo quem sabe fotografar, sabe decifrar fotografias. Engano. Para captarmos a razão pela qual quem fotografa pode ser analfabeto fotográfico, é preciso considerar a democratização do ato fotográfico. Tal consideração poderá contribuir, de passagem, à nossa compreensão da democracia em seu sentido mais amplo.

Aparelho fotográfico é comprado por quem foi programado para tanto. Aparelhos de publicidade programam tal compra. O aparelho fotográfico assim comprado será de "ultimo modelo": menor, mais barato, mais automático e eficiente que o anterior. O aparelho deve o aperfeiçoamento constante de modelos ao *feedback* dos que fotografam. O aparelho da indústria fotográfica vai assim aprendendo, pelo comportamento dos que fotografam, como programar sempre melhor os aparelhos fotográficos que produzirá. Nesse sentido, os compradores de aparelhos fotográficos são *funcionários* do aparelho da indústria fotográfica.

Uma vez adquirido, o aparelho fotográfico vai se revelar um brinquedo curioso. Embora repouse sobre teorias científicas complexas e sobre técnicas sofisticadas, é muito fácil manipulá-lo. O aparelho propõe jogo estruturalmente complexo, mas funcionalmente simples. Jogo oposto ao xadrez, que é estruturalmente simples, mas funcionalmente complexo: é fácil aprender suas regras, mas difícil jogá-lo bem. Quem possui aparelho fotográfico de "último modelo" pode fotografar "bem" sem saber o que se passa no interior do aparelho. *Caixa preta.*

O aparelho é brinquedo sedento por fazer sempre mais fotografias. Exige de seu possuidor (quem por ele está possesso) que aperte constantemente o gatilho. Aparelho-arma. Fotografar pode virar mania, o que evoca uso de drogas. Na curva desse jogo maníaco, pode surgir um ponto a partir do qual o homem-desprovido-de-aparelho se sente cego. Não sabe mais olhar, a não ser *através* do aparelho. De maneira que não está ante o aparelho (como o artesão na frente do instrumento), nem está rodando em torno do aparelho (como o proletário roda a máquina). Está dentro do aparelho, engolido por sua gula. Passa a ser prolongamento automático do seu gatilho. Fotografa *automaticamente*.

A mania fotográfica resulta em torrente de fotografias. Uma torrente de memória que a fixa. Eterniza a automaticidade inconsciente de quem fotografa. Quem contemplar um álbum de fotógrafo amador estará vendo a memória de um aparelho, não a de um homem. Uma viagem para a Itália, documentada fotograficamente, não registra as vivências, os conhecimentos, os valores do viajante. Registra os lugares onde o aparelho o seduziu para apertar o gatilho. Álbuns são memórias "privadas" apenas no sentido de serem memórias de aparelho. Quanto mais eficientes se tornam os modelos dos aparelhos, tanto melhor atestarão os álbuns, a vitória do aparelho sobre o homem. "Privatividade" no sentido pós-industrial do termo.

Quem escreve precisa dominar as regras da gramática e ortografia. O fotógrafo amador apenas obedece a *modos de usar*, cada vez mais simples, inscritos ao lado externo do aparelho. Democracia é isso. De maneira que quem fotografa como amador não pode decifrar fotografias. Sua práxis o impede de fazê-lo, pois o fotógrafo amador crê ser o fotografar gesto automático graças ao qual o mundo vai aparecendo. Impõe-se conclusão paradoxal: quanto mais houver gente fotografando, tanto mais difícil se tornará o deciframento de fotografias, já que todos acreditam saber fazê-las.

Mas ainda não é tudo. As fotografias que sobre nós se derramam são recebidas como se fossem trapos desprezíveis. Podemos recortá-las de jornais, rasgá-las, jogá-las. Nossa práxis com a maré fotográfica que nos inunda faz crer que podemos fazer delas e com elas o que bem entendermos. Tal desprezo pela fotografia individual distingue a sua recepção das demais imagens técnicas. Exemplo: ao contemplarmos cena da guerra no Líbano em cinema ou TV, sabemos que nada podemos fazer a não ser contemplá-la. Ao contemplarmos cena idêntica em jornal, podemos recortá-la e guardá-la, ou simplesmente rasgá-la para embrulhar sanduíche. Isso leva a crer que podemos agir ao recebermos a mensagem de tal guerra, que podemos assumir um ponto de vista "histórico" diante da guerra. Analisemos essa falsa atitude histórica ante a fotografia.

A fotografia da guerra no Líbano em jornal mostra uma cena. Exige que nosso olhar a escrutine pelo método já discutido anteriormente. O olhar vai estabelecendo relações específicas entre os elementos da fotografia. Não serão relações *históricas* de causa e efeito, mas relações *mágicas* do eterno retorno. Por certo, o artigo que a fotografia ilustra no jornal consiste em conceitos que significam as causas e os efeitos de tal guerra. Porém o artigo é lido em função da fotografia, como que através dela. Não é o artigo que "explica" a fotografia, mas é a fotografia que "ilustra" o artigo. Este só é texto no curioso sentido de ser pré-texto da fotografia. Tal inversão da relação "texto-imagem" caracteriza a pós-indústria, fim de todo historicismo.

No curso da história, os textos explicavam as imagens, *desmitizavam-nas*. Doravante, as imagens ilustram os textos, *remitizando-os*. Os capitéis românicos serviam aos textos bíblicos com o fim de *desmagicizá-los*. Os artigos de jornal servem às fotografias para serem *remagicizados*. No curso da história, as imagens eram subservientes, podia-se dispensá-las. Atualmente, os textos são subservientes e podem ser dispensados. Os países assim chamados subdesenvolvidos começam a descobrir tal fato. No decorrer da história, o iletrado era um aleijado da cultura dominada por textos. Atualmente, o iletrado participa da cultura dominada por imagens. Lutar contra o analfabetismo vai se revelando luta quixotesca. Contudo não são apenas os países subdesenvolvidos que começam a percebê-lo, *Johnny can't spell* nos Estados Unidos. O analfabetismo fotográfico está levando ao analfabetismo textual.

Não é, pois, historicamente, que agimos em face da guerra do Líbano; agimos ritualmente. Recortar a fotografia do jornal ou rasgá-la é agir ritualmente. A fotografia está sendo manipulada como em ritual de magia. No fundo, não somos nós que a manipulamos, é ela que nos manipula. E da seguinte forma: a cena fotográfica da guerra no Líbano consiste em elementos que se relacionam significativamente. No sentido temporal, um elemento precede outro e pode suceder ao precedente. No sentido de superfície, um elemento dá significado a outro e recebe significado de outro. Destarte, a superfície da imagem passa a ser significante, carregada de valores. Está *plena de deuses*. Mostra o que é "bom" e o que é "mau": os tanques são "maus"; as crianças são "boas"; Beirute em chamas é "infernal", os médicos de uniforme branco são "anjos". A fotografia é hierofania:

o sacro nela transparece. E o que vale para essa fotografia relativa ao Líbano, vale para todas as demais. São, todas elas, imagens de forças inefáveis que giram em torno da imagem, conferindo-lhe sabor indefinível. Imagens de forças ocultas que giram magicamente. Fascinam seu receptor, sem que este saiba dizer o que o fascina.

O receptor pode recorrer ao artigo de jornal que acompanha a fotografia para dar nome ao que está vendo. Mas, ao ler o artigo, está sob a influência do fascínio mágico da fotografia. Não quer explicação sobre o que viu, apenas confirmação. Está farto de explicações de todo tipo. Explicações nada adiantam se comparadas com o que se vê. Não quer saber sobre causas ou efeitos da cena, porque é esta e não o artigo que transmite realidade. E como tal realidade é mágica, a fotografia não a transmite; é ela a própria realidade.

A realidade da guerra no Líbano, a realidade ela mesma, está na fotografia. Não pode estar alhures. Se o receptor da fotografia for para o Líbano ver a guerra com seus próprios olhos, estará vendo a *mesma* cena, já que olha tudo pelas categorias da fotografia. Está programado para ver magicamente. E para que fazer tal viagem, se a fotografia traz a guerra para sua casa? O vetor de significado se inverteu: o símbolo é o real, e o significado é o pretexto. O universo dos símbolos (entre os quais, o universo fotográfico é dos mais importantes) é o universo mágico da realidade. Não adianta perguntar o que a fotografia da cena libanesa significa na realidade. Os olhos veem o que ela significa, o resto é metafísica de má qualidade.

E assim a fotografia vai modelando seus receptores. Estes reconhecem nela forças ocultas inefáveis, vivenciam concretamente o efeito de tais forças e agem ritualmente para propiciar tais forças. Exemplo: em uma fotografia de cartaz mostrando uma escova de dente, o receptor reconhece o poder da cárie. Sabe que é força nefasta e compra a escova a fim de passá-la ritualmente sobre os dentes, conjurando o perigo (espécie de sacrifício ao "deus Cárie", ao Destino). Certamente, pode recorrer ao léxico sobre o verbete "cárie". Isso apenas confirma o mito, não importa o que diz o texto, o leitor comprará a escova. Está programado para tanto. Até com informação "histórica", agirá magicamente. Óbvio, isso não é descrição de vida em tribo de índio; é descrição de vida de funcionário em situação programada por aparelhos. Índio não dispõe de verbete.

Ambos, índio e funcionário, creem na realidade das imagens. No entanto a crença do funcionário é de má-fé. Naturalmente: o funcionário pensa saber "melhor", tem o verbete, aprendeu a ler, a ter "consciência histórica" das causas e efeitos. Sabe que no Líbano não se chocam bem e mal, mas que uma cadeia de causas produz uma cadeia de efeitos. Sabe que escova de dente não é objeto ritual, mas produto da história do Ocidente. Esse "saber melhor" deve ser reprimido quando se trata de agir segundo o programa. Se o funcionário estiver consciente das causas e dos efeitos do seu funcionamento, jamais funcionará corretamente. Se tivesse consciência histórica, como poderia comprar escovas de dente, formar opinião sobre o Líbano ou simplesmente ir ao escritório, arquivar papeladas, participar de reuniões, gozar férias, aposentar-se? A repressão da consciência histórica é indispensável para o funcionamento. As fotografias servem para reprimi-la.

No entanto a consciência crítica pode ainda ser mobilizada. Nela, a magia programada nas fotografias torna-se transparente. A fotografia da cena libanesa em jornal não mais revelará forças ocultas do tipo "judaísmo" ou "terrorismo", mas mostrará os programas do jornal e do partido político que o programa, assim como o programa do aparelho político que programa o partido. Ficará evidente que "judaísmo" e "terrorismo", etc. constam de tais programas. A fotografia da escova de dente não mais revelará forças ocultas do tipo "cárie", mas mostrará o programa das agências de publicidade e o programa do governo. Ficará evidente que "cárie" consta de tais programas.

A crítica pode ainda *desmagicizar* a imagem.

No entanto algo de verdadeiramente monstruoso pode acontecer no curso do esforço para *desmagicizá-la*. O crítico está atualmente já programado para uma visão mágica do mundo. O próprio crítico vê forças ocultas em toda parte. Sob tal visão, os próprios aparelhos tornam-se forças ocultas: o jornal, o partido, a agência de publicidade, o parque industrial são deuses a serem exorcizados pela fotografia. Hierofania de segundo grau, em que o jornal vai tomar o lugar do terrorismo desmitificado. Os aparelhos não são mais percebidos enquanto brinquedos automáticos, mas como possuídos de forças inefáveis. A crítica de cultura da Escola de Frankfurt é um bom exemplo desse paganismo de segundo grau, exorcismo do exorcismo.

Resumindo: eis como fotografias são recebidas: enquanto objetos, não têm valor, pois todos sabem fazê-las e delas fazem o que bem entendem. Na realidade, são elas que manipulam o receptor para comportamento ritual, em proveito dos aparelhos. Reprimem a sua consciência histórica e desviam a sua faculdade crítica para que a estupidez absurda do funcionamento não seja conscientizada. Assim, as fotografias vão formando um círculo mágico em torno da sociedade, o universo das fotografias. Contemplar tal universo visando quebrar o círculo seria emancipar a sociedade do absurdo.

8. O UNIVERSO FOTOGRÁFICO

As fotografias nos cercam. Tão onipresentes são, no espaço público e no privado, que sua presença não está sendo percebida. O fato de passarem despercebidas poderia ser explicado, normalmente, por sua circunstancialidade: estamos habituados à nossa circunstância, o hábito a encobre, somente percebemos alterações em nosso cotidiano. Tal explicação não funciona no caso das fotografias. O universo fotográfico está em constante flutuação e uma fotografia é constantemente substituída por outra. Novos cartazes vão aparecendo semanalmente sobre os muros, novas fotografias publicitárias nas vitrines, novos jornais ilustrados diariamente nas bancas. Não é a determinadas fotografias, mas justamente à alteração constante de fotografias que estamos habituados. Trata-se de novo hábito: o universo fotográfico nos habitua ao "progresso". Não mais o percebemos. Se, de repente, os mesmos jornais aparecessem diariamente em nossas salas ou os mesmos cartazes semanalmente sobre os muros, aí sim, ficaríamos comovidos. O "progresso" se tornou ordinário e costumeiro; a informação e a aventura seriam a paralisação e o repouso.

Igualmente habituados estamos à coloração de tal universo. Não nos damos conta quão surpreendente teria sido um cotidiano colorido para as gerações precedentes. No século XIX, o mundo lá fora era cinzento: muros, jornais, livros, roupas, instrumentos, tudo isso oscilava entre o branco e o preto, dando em seu conjunto a impressão do cinza: impressão de textos, teorias, dinheiro. Atualmente tudo isso grita alto em todas as tonalidades do arco-íris. Nós, porém, estamos *surdos opticamente* diante de tal poluição. As cores penetram nossos olhos e nossa consciência sem serem percebidas, alcançando regiões subliminares, onde então funcionam. Algo a ser considerado por toda filosofia da fotografia.

Se compararmos nossa coloração com a medieval ou com a de outras civilizações não ocidentais, constataremos o seguinte: na Idade Média, como em outras culturas exóticas, cores são símbolos mágicos que se enquadram nos mitos. Assim, "vermelho" pode significar perigo de sermos engolidos pelo inferno. Em nosso universo, o significado mágico foi recodificado para e em função de programas, sem, contudo, perder seu poder mágico. "Vermelho" em farol de trânsito continua significando perigo, mas seu significado atravessa olhos e consciência para que apertemos automaticamente o freio. A coloração do universo das fotografias funciona pela maneira descrita: vai programando magicamente o nosso comportamento.

No entanto o caráter do camaleão do universo fotográfico, sua coloração cambiante, não passa de fenômeno da "pele". Quanto à sua estrutura profunda, o universo fotográfico é um mosaico. Muda constantemente de aspecto e cor, como mudaria um mosaico cujas pedrinhas seriam constantemente substituídas por outras. Toda fotografia individual é uma pedrinha de mosaico: superfície clara e diferente das outras. Trata-se, pois, de universo quântico, calculável (*cálculo = pedrinha*), atomizado, democritiano, composto de grãos, não de ondas, funcionando como quebra-cabeças, como jogo de permutação entre elementos claros e distintos.

A estrutura quântica do universo fotográfico não é surpreendente. Como produto do gesto de fotografar, revelou-se gesto composto de pequenos saltos. Se analisarmos a estrutura quântica do universo fotográfico, encontraremos explicação mais profunda para o caráter saltitante de tudo que se refere à fotografia.

Descobriremos que tal estrutura é típica de todo movimento do aparelho. Até em aparelhos que parecem deslizar (como nas imagens do cinema ou da TV), podemos descobrir os pequenos saltos. A razão é que os aparelhos foram construídos segundo o modelo cartesiano. Isso se torna mais evidente se considerarmos como funcionam os computadores.

Trata-se de aparelhos para "pensar" cartesianamente. Segundo o modelo cartesiano, o pensamento é um colar de pérolas claras e distintas. Tais pérolas são os conceitos, e pensar é permutar conceitos segundo as regras do fio. Pensar é manipular ábaco de conceitos. Todo conceito claro e distinto significa um ponto lá fora no mundo das coisas extensas (*res extensa*). Se conseguíssemos adequar a cada ponto lá fora um conceito da coisa pensante, seríamos oniscientes. E também onipotentes, porque, ao permutarmos os conceitos, poderíamos simbolicamente permutar os pontos lá fora. Infelizmente, tal onisciência e onipotência não são possíveis, porque a estrutura da coisa pensante não se adequa à da coisa extensa. Nesta, os pontos se confundem uns com os outros, *concrescem*, fazendo a coisa extensa ser *concreta*. Na coisa pensante, há intervalos entre os conceitos claros e distintos. A maioria dos pontos escapa por tais intervalos. Descartes esperava superar essa dificuldade graças à geometria analítica e à ajuda divina. Não conseguiu fazê-lo. Os computadores, estes sim, conseguem o feito, graças a duas estratégias: reduzem os conceitos cartesianos a dois: "0" e "1" e "pensam" em *bits*, binariamente; depois, programam universos adequados a esse tipo de pensamento. Em tais universos, os computadores passaram a ser, de fato, oniscientes e onipotentes. O universo fotográfico é um exemplo. A cada fotografia individual corresponde um conceito claro e distinto no programa do aparelho produtor desse universo. Aparelho produtor que não é necessariamente um computador, mas que funciona segundo a mesma estrutura lógica.

Eis como se produz o universo fotográfico: homens constroem aparelhos segundo modelos cartesianos; em seguida, os alimentam com conceitos claros e distintos (atualmente existem aparelhos de "segunda" geração que podem ser construídos e alimentados por outros aparelhos, e os homens vão desaparecendo para além do horizonte); os aparelhos passam a permutar os conceitos claros e distintos inscritos no seu programa; fazem-no ao acaso, automaticamente, "pensam" idiotamente; as permutações que assim se formam são transcodificadas em imagens e fotografias; a cada fotografia, corresponderá determinada permutação de conceitos no programa do aparelho, e a cada permutação corresponderá uma determinada fotografia; haverá relação biunívoca entre o programa do aparelho e o universo da fotografia; o aparelho será onisciente e onipotente em tal universo. Mas terá pagado um preço: os vetores de significação se inverteram. Não é mais o pensamento que significará a coisa extensa; é a fotografia que significa um "pensamento". Resta a pergunta: que significa pensamento programado?

A descrição da produção do universo fotográfico, acima esboçada, ignora o fator humano. Não considerou a involução das intenções do aparelho com as humanas. A simplificação proposital do processo de produção do universo fotográfico permite definir o conceito fundamental de *programa*: jogo de permutação entre elementos claros e distintos. Tal jogo obedece ao acaso, que, por sua vez, vai se tornar necessidade. Exemplo extremamente simples de programa é um jogo de dados: permuta os elementos "1" a "6" ao acaso. Todo lance individual é imprevisível. Mas, a longo prazo, o "1" será realizado em cada sexto lance. *Necessariamente.* Isto é, todas as virtualidades inscritas no programa, embora se realizem ao acaso, acabarão se realizando *necessariamente*. Se guerra atômica estiver inscrita em determinados programas de determinados aparelhos, será realidade, *necessariamente*, embora aconteça por acaso. É nesse sentido sub-humano cretino que os aparelhos são oniscientes e onipotentes em seus universos.

O universo fotográfico, no estágio atual, é a realização casual de algumas das virtualidades programadas em aparelhos. Outras virtualidades vão se realizar ao acaso, no futuro. E tudo se dará *necessariamente*. O universo fotográfico muda constantemente, porque cada uma das situações corresponde a determinado lance de um jogo cego. Cada situação do universo fotográfico significa determinada permutação dos elementos inscritos no programa dos aparelhos, o que permite definirmos o universo das fotografias: 1. surgiu de um jogo programático e significa um lance de tal jogo; 2. o jogo não obedece a nenhuma estratégia deliberada; 3. o universo é composto de imagens claras e distintas, as quais não significam, como se pretende, "situações lá fora no mundo", mas determinadas permutações de elementos do programa; 4. tais imagens programam magicamente a sociedade para um comportamento em função do jogo dos aparelhos. Resumindo: o universo fotográfico é um dos meios do aparelho para transformar homens em funcionários, em pedras do seu jogo absurdo.

Nesse ponto da discussão, o argumento deve necessariamente bifurcar-se. Uma das direções do argumento conduz à sociedade programada, cercada pelo universo das fotografias; outra vai levar rumo aos aparelhos programadores, "lugares da decisão", como se dizia antigamente. A primeira levará à crítica da sociedade pós-industrial; a segunda será tentativa para transcender tal sociedade. Se não distinguirmos as direções divergentes, jamais conseguiremos nos orientar na situação emergente.

Estar no universo fotográfico implica viver, conhecer, valorar e agir em função de fotografias. Isto é, existir em um mundo-mosaico. *Vivenciar* passa a ser recombinar constantemente experiências vividas através de fotografias. *Conhecer* passa a ser elaborar colagens fotográficas para se ter uma "visão de mundo". *Valorar* passa a ser escolher determinadas fotografias como modelos de comportamento, recusando outras. *Agir* passa a ser comportar-se de acordo com a escolha. Tal forma de existência passa a ser quanticamente analisável. Toda experiência, todo conhecimento, todo valor, toda ação consistem em *bits* definíveis. Trata-se de existência robotizada, cuja liberdade de opinião, de escolha e de ação torna-se observável se confrontada com os robôs mais aperfeiçoados.

A robotização dos gestos humanos já é facilmente constatável. Nos guichês de bancos, nas fábricas, em viagens turísticas, nas escolas, nos esportes, na dança. Menos facilmente, mas ainda possível, é ela constatável nos produtos intelectuais da atualidade. Nos textos científicos, poéticos e políticos, nas composições musicais, na arquitetura. Tudo vai se robotizando, isto é, obedece a um ritmo *staccato*. A crítica da cultura começa a descobri-lo. Sua tarefa seria a de indagar até que ponto o universo da fotografia é responsável pelo que está acontecendo. A hipótese aqui defendida é esta: a invenção do aparelho fotográfico é o ponto a partir do qual a existência humana vai abandonando a estrutura do deslizamento linear, próprio dos textos, para assumir a estrutura do saltear quântico, próprio dos aparelhos. O aparelho fotográfico, enquanto protótipo, é o patriarca de todos os aparelhos. Portanto o aparelho fotográfico é a fonte da robotização da vida em todos os seus aspectos, desde os gestos exteriorizados ao mais íntimo dos pensamentos, desejos e sentimentos.

O universo fotográfico é produto do aparelho fotográfico, que, por sua vez, é produto de outros aparelhos. Tais aparelhos são multiformes: industriais, publicitários, econômicos, políticos, administrativos. Cada qual funciona *automaticamente*. E suas funções estão ciberneticamente coordenadas a todas as demais. O *input* de cada um deles é alimentado por outro aparelho; o *output* de todo aparelho alimenta outro. Os aparelhos se programam mutuamente em hierarquia envelopante. Trata-se, nesse complexo de aparelhos, de *caixa preta composta de caixas pretas*. Um supercomplexo de produção humana. Produzido no decorrer dos séculos XIX e XX pelo homem. E homens continuam a produzi-lo. De maneira que parece óbvio como criticar tudo isso: basta descobrir as intenções *humanas* que levaram à produção de aparelhos.

Trata-se de um método de crítica sedutor, por duas razões diferentes. Em primeiro lugar, dispensa o crítico de mergulhar no interior das *caixas pretas*. Basta concentrar-se no *input*, que é a decisão humana. Em segundo lugar, o método pode recorrer a critérios já bem elaborados, por exemplo, os marxistas. Eis o resultado de tal crítica: os aparelhos foram inventados para emancipar o homem da necessidade do trabalho; trabalham automaticamente para ele. O aparelho fotográfico produz imagens automaticamente, e o homem não mais precisa movimentar pincéis, esforçando-se para vencer a resistência do mundo objetivo. Simultaneamente, os aparelhos emancipam o homem para o jogo. Em vez de movimentar o pincel, o fotógrafo pode brincar com o aparelho. No entanto certos homens se apoderam dos aparelhos desviando a intenção de seus inventores em seu próprio proveito. Atualmente os aparelhos obedecem a decisões de seus proprietários e alienam a sociedade. Quem afirmar que não há intenção dos proprietários por trás dos aparelhos está sendo vítima dessa alienação, e colabora objetivamente com os proprietários dos aparelhos.

Segundo tal análise, nada de muito novo aconteceu com a invenção dos aparelhos, porque os conceitos neles programados significam os interesses de seus proprietários. Toda fotografia individual será decifrada quando nela descobrirmos os interesses do proprietário, da fábrica Kodak, do proprietário da agência de publicidade, dos poderes humanos que dominam a indústria americana e, finalmente, os interesses humanos que se escondem por trás do aparelho da ideologia americana. Quanto ao universo fotográfico como um todo, estará decifrado somente quando descobrirmos a que interesses inconfessos serve.

Infelizmente, essa crítica "clássica" jamais ferirá o essencial: a automaticidade dos aparelhos. Justamente o ponto que merece ser criticado. Não há dúvida de que os aparelhos foram originalmente produzidos por homens. Revelaram, portanto, sob análise, intenções humanas e interesses humanos, como acontece com todo produto da cultura. Que intenção humana e que interesse humano são esses? Precisamente chegar a algo que dispensa futuras intenções humanas e futuras intervenções humanas. *O propósito por trás dos aparelhos é torná-los independentes do homem.* Essa autonomia resulta, segundo a própria intenção, em situação na qual o homem é eliminado. Mas eliminado por método que não foi previsto pelos inventores dos aparelhos. Esse jogo casual com elementos passou a ser de tal forma rico e rápido que ultrapassa a competência humana.

Nenhum homem pode mais controlar o jogo. E quem dele participar, longe de controlá-lo, será por ele controlado. A autonomia dos aparelhos levou à inversão de sua relação com os homens. Estes, sem exceção, funcionam em função dos aparelhos.

Não pode haver "proprietário de aparelhos". Como os aparelhos não mais obedecem ao controle humano, a ninguém pertencem. Quem crê ser possuidor de aparelho é, na realidade, possuído por ele. Doravante, nenhuma decisão humana funciona. Todas as decisões passam a ser *funcionais*, isto é, tomadas ao acaso, sem propósito deliberado. Os conceitos programados nos aparelhos, que originalmente significavam intenções humanas, não mais as significam. Passaram a ser autossignificantes. São vazios os símbolos com os quais joga o aparelho. Este não funciona em função de intenção deliberada, mas *automaticamente*, girando em ponto morto. E todas as virtualidades inscritas em seu programa, inclusive a de produzir outros aparelhos e a de se autodestruir, vão se realizar *necessariamente*.

A crítica "clássica" dos aparelhos objetará que tudo não passa de mitificação que os transforma em gigantes super-humanos, a fim de esconder a intenção humana que os move. A objeção é falha. Os aparelhos são de fato gigantescos, pois foram produzidos para sê-lo. E de forma nenhuma são super-humanos. Pelo contrário, são pálidas simulações do pensamento humano. O dever de toda crítica dos aparelhos é mostrar a cretinice infra-humana dos aparelhos. Mostrar que se trata de vassouras invocadas por aprendiz de feiticeiro que traz, automaticamente, água até afogar a humanidade, e que se multiplicam automaticamente. Seu intuito deve ser exorcizar essas vassouras, recolocando-as naquele canto ao qual pertencem, conforme a intenção inicial humana. Graças a críticas desse tipo é que podemos esperar transcender o totalitarismo robotizante dos aparelhos que está em vias de se preparar. Não será negando a automaticidade dos aparelhos, mas a encarando, que poderemos esperar a retomada do poder sobre os aparelhos.

Depois dessa dupla excursão pelo universo fotográfico, podemos resumir o argumento: o universo fotográfico é um jogo de permutação cambiante e colorido com superfícies claras e distintas, chamadas fotografias. Estas são imagens de conceitos programados em aparelhos, e tais conceitos são símbolos vazios. Sob análise, o universo fotográfico é universo vazio e absurdo. No entanto, como as fotografias são cenas simbólicas, elas programam a sociedade para um comportamento mágico em função do jogo. Conferem significado mágico à vida da sociedade. Tudo se passa *automaticamente*, e não serve a nenhum interesse humano. Contra essa automação estúpida, lutam determinados fotógrafos, ao procurarem inserir intenções humanas no jogo. Os aparelhos, por sua vez, recuperam *automaticamente* tais esforços em proveito de seu funcionamento. *O dever de uma filosofia da fotografia seria o de desmascarar esse jogo.*

Quem lê tal resumo, terá a impressão de que a importância da fotografia sobre a vida pós--industrial está sendo exagerada. Porque o resumo não descreve apenas o universo fotográfico, mas todo o universo dos aparelhos. Não seria o universo fotográfico apenas um entre os múltiplos universos do mesmo tipo, longe de ser o mais significante? Não haverá universos mais angustiantes? O próximo e último capítulo deste ensaio se esforçará por mostrar que o universo fotográfico não é apenas um evento relativamente inócuo do funcionamento, mas, pelo contrário, é o modelo de toda vida futura. E a filosofia da fotografia pode vir a ser o ponto de partida para toda disciplina que tenha como objeto a vida do homem futuro.

9. A URGÊNCIA DE UMA FILOSOFIA DA FOTOGRAFIA

No decorrer deste ensaio, vieram à tona estes conceitos-chave: *imagem, aparelho, programa, informação*. Tais conceitos formam as pedras angulares de toda filosofia da fotografia, baseando-se na seguinte definição de fotografia: imagem produzida e distribuída por aparelhos segundo um programa, a fim de informar receptores. Todo conceito-chave, por sua vez, implica conceitos subsequentes. *Imagem* implica magia. *Aparelho* implica automação e jogo. *Programa* implica acaso e necessidade. *Informação* implica símbolo. Os conceitos implícitos permitem ampliar a definição da fotografia da seguinte maneira: *imagem produzida e distribuída automaticamente no decorrer de um jogo programado, que se dá ao acaso que se torna necessidade, cuja informação simbólica, em sua superfície, programa o receptor para um comportamento mágico.*

A definição tem curiosa vantagem: exclui o homem enquanto fator ativo e livre. Portanto é definição inaceitável. Deve ser contestada, porque a contestação é a mola propulsora de todo pensar filosófico. De maneira que a definição proposta pode servir de ponto de partida para a filosofia da fotografia.

Os conceitos *imagem, aparelho, programa, informação*, considerados mais de perto, revelam o chão comum do qual brotam. Chão da circularidade.

Imagens são superfícies sobre as quais circula o olhar. *Aparelhos* são brinquedos que funcionam com movimentos eternamente repetidos. *Programas* são sistemas que recombinam constantemente os mesmos elementos. *Informação* é epiciclo negativamente entrópico que deverá voltar à entropia da qual surgiu. Quando refletimos sobre os quatro conceitos-chave, estamos no chão do eterno retorno. Abandonamos a reta, onde nada se repete, chão da história, da causa e efeito. Na região do eterno retorno, sobre a qual nos coloca a fotografia, as explicações causais devem calar-se. "*Rest, rest, dear spirit*", como dizia Cassirer com referência à causalidade. Categorias não históricas devem ser aplicadas à filosofia da fotografia, sob pena de não se adequarem ao seu assunto.

No entanto o abandono do pensamento causal e linear se dá espontaneamente, não é preciso deliberá-lo. Pensamos já pós-historicamente. Os conceitos-chave sustentadores da fotografia já estão espontaneamente incrustados em nosso pensar. Darei como único exemplo a cosmologia atual.

Reconhecemos no cosmos um sistema que tende para situações cada vez mais prováveis. Situações improváveis surgem ao acaso, de vez em quando. Mas retornarão, necessariamente, para a tendência rumo à probabilidade. Reformulando: reconhecemos no cosmos um sistema que contém um programa inicial, no *big bang*, que vai se realizando por acaso, automaticamente. No curso da realização, surgirão informações que vão pouco a pouco se desinformando. A cada instante, o universo é situação surgida ao acaso, que levará necessariamente à morte "térmica", de forma que o universo é aparelho produtor do caos. A nossa própria cosmologia não passa de imagem desse aparelho. Em consequência, tal cosmovisão deve descartar toda explicação causal e recorrer a explicações formais, funcionais. Os quatro conceitos-chave da fotografia são também os da cosmologia.

A estrutura pós-histórica do nosso pensamento pode ser encontrada em vários outros terrenos: biologia, psicologia, linguística, informática, cibernética, para citar apenas alguns. Em todos, estamos já, de forma espontânea, pensando *informaticamente, programaticamente, aparelhisticamente, imageticamente*. Estamos pensando no modo pelo qual "pensam" computadores. Penso que estamos pensando de tal maneira porque a fotografia é o nosso modelo, foi ela que nos programou para pensar assim.

A tese não é muito nova. Sempre se supôs que os instrumentos são modelos de pensamento. O homem os inventa, tendo por modelo seu próprio corpo. Esquece-se depois do modelo, "aliena-se", e vai tomar o instrumento como modelo do mundo, de si próprio e da sociedade. Exemplo clássico dessa alienação é o século XVIII. O homem inventou as máquinas, tendo por modelo seu próprio corpo, depois tomou as máquinas como modelo do mundo, de si próprio e da sociedade. *Mecanicismo*. No século XVIII, portanto, uma filosofia da máquina teria sido a crítica de toda ciência, toda política, toda psicologia, toda arte. Atualmente, uma filosofia da fotografia deve ser outro tanto. Crítica do *funcionalismo*.

A coisa não é tão simples. A fotografia não é instrumento, como a máquina, mas brinquedo como as cartas do baralho. No momento em que a fotografia passa a ser modelo de pensamento, muda a própria estrutura da existência, do mundo e da sociedade. Não se trata, nessa revolução fundamental, de substituir um modelo por outro. Trata-se de saltar de um tipo de modelo para outro (de paradigma em paradigma). Sem circunlocuções: a filosofia da fotografia trata de recolocar o problema da liberdade em parâmetros inteiramente novos.

Toda filosofia trata, em última análise, do problema da liberdade. Mas, no decorrer da história, o problema se colocava da seguinte maneira: se tudo tem causa, e se tudo é causa de efeitos, se tudo é "determinado", onde há espaço para a liberdade? Reduziremos as múltiplas respostas a uma única: as causas são impenetravelmente complexas, e os efeitos, tão imprevisíveis que o homem, ente limitado, pode agir como se não estivesse determinado. Atualmente, o problema se coloca de outro modo: se tudo é produto do acaso cego, e se tudo leva necessariamente a nada, onde há espaço para a liberdade? Eis como a filosofia da liberdade deve colocar o problema da liberdade. Por isso e para isso é necessária.

Reformulemos o problema: constata-se, em nosso entorno, como os aparelhos se preparam para programar, com automação estúpida, as nossas vidas; como o trabalho está sendo assumido por máquinas automáticas, e como os homens vão sendo empurrados rumo ao setor terciário, onde brincam com símbolos vazios; como o interesse dos homens vai se transferindo do mundo objetivo para o mundo simbólico das informações: sociedade informática programada; como o pensamento, o desejo e o sentimento vão adquirindo caráter de jogo em mosaico, caráter robotizado; como o viver passa a alimentar aparelhos e ser por eles alimentado. O clima de absurdo se torna palpável. Onde, pois, há espaço para a liberdade?

Eis que descobrimos, à nossa volta, gente capaz de responder à pergunta: fotógrafos. Gente que já vive o totalitarismo dos aparelhos em miniatura; o aparelho fotográfico programa seus gestos, automaticamente, trabalhando automaticamente em seu lugar; age no "setor terciário", brincando com símbolos, com imagens; seu interesse se concentra na informação na superfície das imagens, sendo que o objeto "fotografia" é desprezível; seu pensamento, desejo e sentimento têm caráter fotográfico, isto é, de mosaico, caráter robotizado; alimentam aparelhos e são por eles alimentados. Não obstante, os fotógrafos afirmam que tudo isso não é absurdo. Afirmam serem livres e, nisso, são protótipos do novo homem.

A tarefa da filosofia da fotografia é dirigir a questão da liberdade aos fotógrafos, a fim de captar sua resposta. Consultar sua práxis. Eis o que tentaram fazer os capítulos anteriores. Várias respostas apareceram: 1. o aparelho é infra-humanamente estúpido e pode ser enganado; 2. os programas dos aparelhos permitem introdução de elementos humanos não previstos; 3. as informações produzidas e distribuídas por aparelhos podem ser desviadas da intenção dos aparelhos e submetidas a intenções humanas; 4. os aparelhos são desprezíveis. Tais respostas, e outras possíveis, são redutíveis a uma: *liberdade é jogar contra o aparelho*. E isso é possível.

No entanto essa resposta não é dada pelos fotógrafos espontaneamente. Somente aparece como escrutínio filosófico da sua práxis. Os fotógrafos, quando são provocados, dão respostas diferentes. Quem lê os textos escritos por fotógrafos verifica crerem eles que fazem outra coisa. Creem fazer obras de arte, ou que se engajam politicamente, ou que contribuem para o aumento do conhecimento. E quem lê história da fotografia (escrita por fotógrafo ou crítico) verifica que os fotógrafos creem dispor de um novo instrumento para continuar agindo historicamente. Creem que, ao lado da história da arte, da ciência e da política, há mais história: a da fotografia. Os fotógrafos são inconscientes da sua práxis. A revolução pós-industrial, tal como se manifesta pela primeira vez no aparelho fotográfico, passou despercebida pelos fotógrafos e pela maioria dos críticos de fotografia. Nadam eles na pós-indústria, inconscientemente.

Há, porém, uma exceção: os fotógrafos assim chamados experimentais; estes sabem do que se trata. Sabem que os problemas a resolver são os da *imagem, do aparelho, do programa e da informação*. Tentam, conscientemente, obrigar o aparelho a produzir imagem informativa que não está em seu programa. Sabem que sua práxis é estratégia dirigida contra o aparelho. Mesmo sabendo, contudo, não se dão conta do alcance de sua práxis. Não sabem que estão tentando dar resposta, por sua práxis, ao problema da liberdade em contexto dominado por aparelhos, problema que é, precisamente, tentar opor-se.

Urge uma filosofia da fotografia para que a práxis fotográfica seja conscientizada. A conscientização de tal práxis é necessária porque, sem ela, jamais captaremos as aberturas para a liberdade na vida do funcionário dos aparelhos. Em outros termos, a filosofia da fotografia é necessária porque é reflexão sobre as possibilidades de se viver livremente num mundo programado por aparelhos. Reflexão sobre o significado que o homem pode dar à vida, na qual tudo é acaso estúpido, rumo à morte absurda. Assim vejo a tarefa da filosofia da fotografia: apontar o caminho da liberdade. Filosofia urgente por ser ela, talvez, a única revolução ainda possível.

9. A URGÊNCIA DE UMA FILOSOFIA DA FOTOGRAFIA

FLUSSER E A LIBERDADE DE PENSAR
OU FLUSSER E UMA CERTA GERAÇÃO 60

MARIA LÍLIA LEÃO

Nasci em Praga em 1920 e meus antepassados parecem ter habitado a "Cidade Dourada" por mais de mil anos. Sou judeu, e a sentença "o ano vindouro em Jerusalém" acompanhou toda a minha mocidade. Fui educado na cultura alemã e dela participo há vários anos. Embora minha passagem por Londres em 1940 tenha sido relativamente curta, ocorreu em época de vida em que a mente se forma de modo definitivo. Engajei-me, durante a maior parte da minha vida, na tentativa de sintetizar a cultura brasileira a partir de culturemas ocidentais, levantinos, africanos, indígenas e extremo-ocidentais (e isso continua a fascinar-me). Atualmente moro em Robion, sul da França, integrando-me no tecido de aldeia provençal cujas origens se perdem na bruma do passado.[1]

Este é o Flusser que conheço (e aprendi a conhecer) ao longo de espaços e tempos os mais descontínuos. Figura humana impressionante, dessas que causam efeito de matriz em nossos núcleos pessoais. Mesmo não havendo empatia, no primeiro ou nos encontros subsequentes, jamais se fica neutro.

Flusser ama o desafio, o "corpo a corpo" intelectual, provocando-o mesmo quase como um gesto iniciático. E que venham as críticas, elogiosas ou não, tanto faz! "Um marco na cultura alemã"; "Um desrespeito filosófico, de Platão a

Wittgenstein": as duas críticas diametralmente opostas lhe foram dirigidas por ocasião de um seminário em Hamburgo sobre seu livro *Para uma Filosofia da Fotografia*.[2] Flusser relata a cena com a melhor das gargalhadas — traço personalíssimo do caráter desse autêntico *homo ludens*, um Macunaíma judeu-tcheco-paulistano.

Em sua última passagem por São Paulo, a convite da XVIII Bienal para proferir palestras, ouvi-o falar sobre seu tema atual: texto/imagem. As sentenças, destiladas pelo "rigor da razão-e-da-paixão" (como Flusser, poucos conseguem amalgamar), eram como chicotadas, querendo sacudir-nos da letargia a que nos condena uma época ruidosa; querendo incomodar, para que não tenhamos a ilusão de não sermos responsáveis, e que o pensar e repensar tudo não vale mais a pena. Mas aquelas sentenças queriam também abraçar, atrair novos e mais parceiros ao diálogo.

Flusser sempre faz pensar. E pensar dói. Pois continua o mesmo, esse nosso amigo, escritor, filósofo, engajando-se para fazer da reflexão alimento de primeira necessidade, gesto corporal do ser, prazer erótico. Não há dúvida de que, para ele, o homem total é o ser pensante.

Participo da desconfiança em analogias que tendem rapidamente a se transformarem em metáforas, isto é, transferências de raciocínio adequado a um dado contexto para contexto inapropriado. No entanto nada captaremos sem modelo.

MARIA LÍLIA LEÃO

PÁG. 105

De modo que todo modelo deve, primeiro, procurar pescar o problema, e depois procurar modificar-se, ou em certos casos, ser jogado fora. [...] O dever de gente como nós é engajar-se contra a ideologização e em favor da dúvida diante do mundo, que, de fato, é complexo e não simplificável. Engajamento difícil, por certo, mas nem por isso apolítico. Para nós, Polis é a elite decisória e não a tal massa.[3]

A intenção que move este relato, que se quer subjetivo, é possibilitar um testemunho humano – não mais que isso – da vívida presença entre nós, geralmente incompreendida, supersubestimada, deste que é, por muitos, considerado "o genuíno filósofo brasileiro", já que falar de sua obra é tarefa que exigiria plena desenvoltura no percurso de seu controvertido pensamento.

Se o faço, é certamente apoiada pelo afeto, mas sobretudo por um tipo de engajamento. Publicar Flusser no Brasil é questão de honestidade, simples reconhecimento do valor de suas reflexões. Mas falar sobre a pessoa de Flusser é, talvez, querer ir mais longe, penetrar na floresta escura, já invadindo, quem sabe, um espaço transpessoal.

Aprendi o seguinte: ao nascer fui jogado em tecido que me prendeu a pessoas. Não escolhi tal tecido. Ao viver, e sobretudo ao migrar, teci eu próprio fios que me prendem a pessoas e fiz em colaboração com tais pessoas. "Criei" amores e amizades (e ódios e antagonismos); é por tais fios que sou responsável. O patriotismo é nefasto porque assume e glorifica os fios impostos e menospreza os fios criados. Por certo, os fios impostos podem ser elaborados para se tornarem criados. Mas o que importa é isso: não sou responsável por meus laços familiares ou de vizinhança, mas por meus amigos e pela mulher que amo. Quanto aos fios que prendem as pessoas, tenho duas experiências opostas. Todas as pessoas às quais fui ligado em Praga morreram. Todas. Os judeus nos campos, os tchecos na resistência, os alemães em Stalingrado. As pessoas às quais fui ligado (e continuo ligado) em São Paulo, em sua maioria, continuam vivas. Embora, pois, Praga tenha sido mais "misteriosa" que São Paulo, o nó górdio cortado foi macabramente mais fácil.[4]

Quando o conhecemos – refiro-me a um grupo de jovens universitários dos anos 1960, geração que cultivava um jeito de vivenciar intelectualmente a sua angústia, e cuja ironia não havia ainda descambado para o deboche –, estávamos todos submersos no grande vazio que é a busca de sentido.[5] Flusser, estrangeiro no mundo, apátrida por excelência, assistia a tudo, *promovendo* tudo. Mas entre o seu engajamento na cultura brasileira e o nosso contraste do pano de fundo habitual-nativo, uma sutil dialética estabelecera-se.

Nós os migrantes, somos janelas através das quais os nativos podem ver o mundo.

Seria ele, para nós, esta janela?

Mistério mais profundo que o da pátria geográfica é o que cerca o outro. A pátria do apátrida é o outro.

Seríamos nós, para ele, essa pátria?

Nós, jovens daquela geração niilista, vivenciávamos a saga de uma época em que, após ter aplaudido o célebre protesto de estudantes na Europa, nada passava a ter significado. Os anos 1960, se, de um lado, traziam marcas como a rebeldia dos Beatles, a revelação do sexo e, a partir daí, o culto ao amor livre do movimento *hippie* à escalada social do bissexualismo, bem como o fracasso da potência americana no Vietnã, onde a inteligência venceu as armas, num combate que utilizou cobras, abelhas e bambus, além de toda uma poesia desordenada e todo um desencanto com as coisas e os valores estabelecidos; do outro lado, deixou farrapos de um derradeiro "romantismo": desejo da mão jovem querendo reconstruir o mundo e impedida pelos velhos (como sempre foi); o olhar do mundo culto e politizado para o primeiro movimento de objetivos definidos na América, ao som do *slogan* "*Cubanos si, yankees no*"; a resposta de uma "geração triste" que começava a se redimir pela música e pela poesia (*Tropicália* e os *Novíssimos*, apenas para citar alguns).

No campo da filosofia, Sartre, Camus e demais existencialistas marcavam a juventude intelectual brasileira, embora a grande maioria não tivesse acesso a tudo isso. O escritor Jorge Medauar é quem diz: "O Brasil não tem linha filosófica definida porque não tem pensadores". Nosso grupo, porém, era privilegiado: frequentávamos a casa de Flusser. Lá se canalizavam os turbilhões, ventos e brisas do mundo filosófico em tertúlias que se alongavam por sábados e domingos, e quantas vezes não éramos surpreendidos por Guimarães Rosa, Samson Flexor, Vicente Ferreira da Silva! Flusser foi revelando-se professor, cercado por aqueles moços e moças, de modo doméstico e *peripatético* (embora sempre sentado em sua cadeira no jardim de inverno, nos fundos daquela casa, no Jardim América), envolto em fumaças de seu cachimbo inseparável. Não há como apagar os primeiros passos na filosofia ensinada, transmitida assim... *Paideia* construída pelo conviver, em chão de concretude, por um "modelo" vivo de existência. Tudo isso plasmou as nossas mentes, interagindo hoje na circunstância em que vivemos.

Caso clássico de influência poderosa de patriarca intelectual – não faltará quem o diga. Alguns, não suportando o peso de tamanha informação, hoje o renegam e se refugiam nos cantos matreiros do inconsciente, omitindo-se ao confronto.

Não lembraria Flusser, em certo aspecto, a personalidade de Freud? Como ele – subversivo, judeu, emigrado –, também não foi aceito pelo *establishment* acadêmico, criando afetos, desafetos e uma fieira de pupilos estigmatizados.

Ao longo dos 31 anos em que viveu na circunstancialidade brasileira, Flusser desenvolveu seu modo de pensar com vigor e originalidade que cunham um de seus traços inconfundíveis – o que lhe valeu uma imagem mitificada e, até certo ponto, desconcertante para certos eruditos, que, tantas vezes, com ele se digladiaram.

Como Nietzsche, Kierkegaard e tantos outros, Flusser não se propôs a construir um sistema filosófico. Seu pensamento é um fluir generoso que se vai tecendo fora de velhas ou modernas malhas, dentro da urdidura fundante que é a linguagem, "morada do ser", como a nomeia Heidegger. Seu mergulho nas correntes da fenomenologia levou-o à filosofia da linguagem, seu campo predileto, ao qual dedicou vários ensaios, livros e cursos. Chegou até a criar uma coluna em jornal ("Posto Zero" na *Folha de S.Paulo*, de 1969 a 1971), onde fazia uma espécie de *análise fenomenológica do cotidiano brasileiro*. Quando escreve, e o faz como quem respira o ar fresco das manhãs, Flusser traduz e retraduz o mesmo texto para as línguas que domina: alemão, inglês, português, francês. (Curiosamente, a língua materna não lhe soava cara aos ouvidos. Talvez *pela expressividade algo adocicada*, dizia...)

Sinto-me abrigado por, pelo menos, quatro línguas, e isso se reflete no meu trabalho, uma das razões pelas quais me interesso pelos fenômenos da comunicação humana. Reflito sobre os abismos que separam os homens e as pontes que atravessam tais abismos, porque flutuo, eu próprio, por cima deles. De modo que a transcendência das pátrias é minha vivência concreta, meu trabalho cotidiano e o tema das reflexões às quais me dedico.[6]

Max Planck, em sua biografia, diz que para haver uma *ideia original* são necessárias duas condições:

que o "criador" esteja livre e que morra toda uma geração, porque apenas a seguinte poderá compreendê-la. Os contemporâneos estão comprometidos e escravizados, por isso se assustam com o novo. Eis, numa palavra, o pecado de Flusser: pensar o novo e, para tanto, estar livre. Qualquer pessoa que entra em contato com suas ideias percebe o quão ligadas estão com o que acontece à sua volta. Não se pode delimitar as bases de seu pensamento, porque ele está constantemente correlacionado a *fatos*, não importa de que natureza. A aguda capacidade de observar o mundo e captar a atualidade, filtrando ambos pelos conceitos clássicos e construindo os seus próprios conceitos, torna Vilém Flusser o pensador para a época "pós-histórica" que atravessamos.

É precisamente a consonância entre *a observação dos fatos e sua resultante reflexão* que nos dá a sensação do verdadeiro. Mas, para que tal sensação conduza à verdade, o que ainda nos falta?

Aqui transcrevo pergunta feita ao psicanalista Isaias Kirschbaum, que, após driblá-la com mestria — *la réponse est la mort de la question*... (que analista, afinal, não tem necessariamente de ser filósofo?) —, assim respondeu: "Consenso é que dá cunho de verdade". Daí minha indagação: teria sido o meio cultural brasileiro — e o paulistano em particular — propício à formação de um *consenso* ao pensamento flusseriano, consenso que, por sua vez, teria de ser o fruto maduro de exercícios de crítica responsável e consciente por parte da comunidade pensante?

Migrar é situação criativa, mas dolorosa. Toda uma literatura trata da relação entre criatividade e sofrimento. Quem abandona a pátria (por necessidade ou decisão, e as duas são dificilmente separáveis) sofre. Porque mil fios o ligam à pátria, e, quando estes são amputados, é como se uma intervenção cirúrgica tenha sido operada. Quando fui expulso de Praga (ou quando tomei a decisão corajosa de fugir), vivenciei o colapso do universo. E confundi o meu íntimo com o espaço lá fora. Sofri as dores dos fios amputados. Mas depois, na Londres dos primeiros anos da guerra, e com a premonição do horror dos campos, comecei a me dar conta de que tais dores não eram as de operação cirúrgica, mas de parto. Dei-me conta de que os fios cortados me tinham alimentado, e que estava sendo projetado para a liberdade. Fui tomado pela vertigem da liberdade, a qual se manifesta pela inversão da pergunta "livre de quê" em "livre para fazer o quê". E assim somos todos os migrantes: seres tomados de vertigem.[7]

Ao atualizar esse texto para treze anos depois[8] da vez que foi escrito como posfácio à primeira edição brasileira de *Filosofia da Caixa Preta*, vejo-me obrigada a incluir um novo vazio: a morte de Vilém Flusser. Duas circunstâncias, aparentemente coincidentes, impressionam-me. Primeira: seu comentário sobre as mortes, ambas por acidente na estrada, de Albert Camus e de Vicente Ferreira da Silva. Dizia que esta era a *forma de morrer* ideal: súbita e digna, sem dolorosa espera. Pois Flusser morreria em acidente de estrada na Tchecoslováquia, ao lado de sua Edith, logo após a merenda e caminhada por aquele bosque em que ambos, namorados desde a adolescência, costumavam fazer. Segunda: sua obstinação em *jamais pisar em Praga*. Pois um convite irrecusável o atingiria em cheio, ele que tão apreensivo estava com o ressurgir do neonazismo: proferir aula inaugural na Universidade de Praga, sobre tema que não hesitaria em escolher: "O Perigo dos Nacionalismos". A mesma universidade que teve seu pai como reitor, um dos primeiros ilustres a serem mantidos em cativeiro incomunicável pelo III Reich.

Por que impressionam tais *coincidências*? Ironicamente, arrisco uma explicação junguiana (a despeito de nossas querelas sobre o psicólogo suíço, estando eu sempre pronta à defesa contra aquela tendenciosa comparação Freud x Jung): creio que a voz do inconsciente lhe soprou a última e mais íntima mensagem: era preciso reatar aqueles *fios amputados* e desvendar, de uma vez por todas, a misteriosa terra natal. E de maneira bela e digna, enlaçado ao mais precioso de seus *fios criados*: a mulher que amava. Hoje, na pedra tumular de Vilém Flusser, no cemitério judaico de Praga, há uma inscrição de texto bíblico em três idiomas: hebraico (pela religiosidade), tcheco (pela ancestralidade), e português (pela escolha existencial).

Por certo há um *pathos* ao falarmos da morte de um amigo. Por isso, o conselho de Mário Bruno Sproviero, amigo em comum e um de seus bravos interlocutores, no sentido de que eu "descrevesse um *plenum* para compensar o vazio da morte temporal [...] já que Flusser está ressuscitado em seu e testemunho e espero que também no Brasil". Pois já não seria um *plenum* a presente coletânea de ensaios, a maioria publicada nos anos em que viveu por aqui? Como também esta bem-vinda republicação do *Filosofia da Caixa Preta*?

Sei que Vilém Flusser, pela vasta e atualíssima obra que deixou, tem algo a nos dizer. Algo para nos inquietar. Sejamos livres para ouvi-lo. E, como ele, exerçamos com liberdade o direito de pensar.

NOTAS

[1] Trecho da conferência "Apátridas e Patriotas", proferida por Vilém Flusser no II Seminário Internacional Kornhaus, Weiler, 1985.
[2] *Filosofia da Caixa Preta*, na edição brasileira de 1985.
[3] Carta de Vilém Flusser, 1983.
[4] Trecho da conferência "Apátridas e Patriotas", proferida por Vilém Flusser no II Seminário Internacional Kornhaus, Weiler, 1985.
[5] Entre outros, faziam parte do grupo: Alan Meyer, Betty Mindlin, Celso Lafer, Dina Flusser, Gabriel Waldman, José Carlos Ismael, Maria Eugênia Tavares, Maria Lilia Leão, Mauro Chaves.
[6] Trecho da conferência "Apátridas e Patriotas", proferida por Vilém Flusser no II Seminário Internacional Kornhaus, Weiler, 1985.
[7] Idem.
[8] Como introdução a *Ficções Filosóficas* Edusp, 1998.

O APARELHO E O BOTE
FILOSOFIA DA CAIXA PRETA QUASE TRÊS DÉCADAS DEPOIS

NORVAL BAITELLO JUNIOR

Este é ou não é um livro sobre fotografia? *Filosofia da Caixa Preta* é um livro ímpar. Não é um livro sobre a fotografia: o próprio autor esclarece em seu prefácio à primeira edição brasileira, em outubro de 1985, que toma "por pretexto o tema fotografia". Propõe-se sim a contribuir para o "diálogo filosófico sobre o *aparelho*, em função do qual vive a atualidade". Vilém Flusser amplia assim, na versão brasileira, o título do livro em relação à sua primeira versão, em alemão, *Für eine Philosophie der Fotografie*, tornando-o mais fiel ao próprio livro (que modifica e amplia para a edição brasileira). Mas conserva no subtítulo *Ensaios para uma Futura Filosofia da Fotografia*. As razões da mudança do título parecem evidentes em seu prefácio brasileiro. A questão central é o chamado *aparelho*. Porque o mundo atual vive em função do aparelho, segundo o autor. Trata-se de uma afirmação forte, uma declaração de falência de algumas crenças e convicções arraigadas no pensamento ocidental, dentre elas a tese antropocêntrica de que é o homem (e sua vontade) que conduz a história. Além disso o autor insere, antes do primeiro capítulo, um glossário, no qual alguns conceitos são sumariamente delimitados. Dentre eles, naturalmente, o primeiro é *aparelho*, como "brinquedo que simula um tipo de pensamento". A simplicidade da definição esconde a complexidade e o alcance do problema. "Autodeterminação e heterodeterminação" (conforme trata o mediólogo Harry Pross em seu livro *Publizistik*) são as questões de poder em jogo na convivência com o *aparelho* – ou na vivência dentro do *aparelho*, segundo Flusser. Ou ainda, desde uma outra perspectiva, fala Elisabeth von Samsonow (em uma das *International Flusser Lectures* promovidas pelo Arquivo Flusser) de "sujeitos e objetos hipnógenos". O *aparelho* é ainda o agente contemporâneo responsável pelas "abstrações do corpo" segundo traça Dietmar Kamper (o próprio Flusser definia que "abstrações" são "subtrações"!) em *Körper-Abstraktionen*. Seriam então os aparelhos os agentes atuais da subtração do corpo! E por aí se vão abrindo as possibilidades de leitura do *aparelho*, tal como o apresenta Flusser de forma simples e sedutora. Sua contribuição para o "diálogo filosófico sobre o aparelho" constrói elos e desafia importantes pensadores ou evoca e retoma tantos outros, sem nunca mencioná-los.

Mais ainda, este é um livro ímpar por tratar do tema das mediações como geradoras de ambientes, que, por sua vez, podem funcionar como aparelhos (e o fazem efetivamente em nosso mundo atual, graças aos avanços incontestáveis das mediações tecnificadas). Estes se colocam no primeiro plano e nos colocam, como seus operadores, em plano subalterno. Flusser nos denomina "funcionários".

Como funcionários, devemos seguir regras ditadas pelo programa dos aparelhos. Mas os funcionários de hoje, que operam aparatos minuciosamente programados (a ponto de programarem até mesmo a inépcia ou a idiotia de seus usuários, oferecendo altos níveis de tolerância aos erros mais banais) procedem de um outro tipo de atividade. Essa espécie anterior era a dos operários, que circundavam as máquinas para comandá-las. E ainda antes dos operários, um outro ambiente de trabalho produzia os artefatos necessários ao homem, em cujo centro estava o artesão, cercado de ferramentas que ele habilmente manuseava. Assim, o funcionário que somos nasce da retirada progressiva de funções deliberativas do operário que, por sua vez, perdeu alguns direitos de escolha e autodeterminação que eram inerentes ao artesão. Vilém Flusser trata, assim, neste livro, das diferentes maneiras de construir modelos de mundos e laborais, modelos que emergem das possibilidades e formas de mediação, dos artifícios e recursos usados para estabelecer relações, elos e vínculos entre pessoas ou coisas.

Com este livro ímpar, Vilém Flusser conquistou definitivamente os olhares vigilantes da velha Europa, depois de vinte anos de insistentes tentativas de publicação de suas obras em solo de cultura europeu. O autor já havia publicado inúmeros livros em diferentes editoras no Brasil, enquanto suas obras na Europa encontravam portas fechadas. Foi o seu *Für eine Philosophie der Fotografie*, publicado em 1983 (o correspondente — melhor dito, o precursor — alemão da nossa *Filosofia da Caixa Preta*), que "estourou" na Europa, recebendo sobretudo saraivadas de críticas de todos os naipes, na grande e na pequena mídia alemã, nas revistas especializadas e nos meandros acadêmicos. Enfim alcançava o clima de embate e polêmica francos e abertos que sempre desejara no Brasil e que aqui gerara tantos desafetos e melindres.

Graças a esta obra inaugural, ímpar, atrevida e desafiadora (Maria Lilia Leão, destacada aluna de Flusser no Brasil, o chamava de "Macunaíma judeu-checo-paulistano"), Vilém Flusser consta hoje como autor de presença obrigatória na disciplina de *Medientheorie* (Teoria dos meios ou Teoria da mídia, como se queira). Nas muitas obras que reúnem as contribuições para a constituição dessa área do conhecimento na Europa, Flusser é dos poucos autores que figuram em todas, absolutamente todas, ao lado de McLuhan e pouquíssimos outros.

Mas, afinal, é este um livro sobre fotografia? Sim (e, ainda assim, não)! Como lida com as mediações, confere à imagem e suas transformações um papel inaugural na tradução do mundo, pois elas transmutam o mundo em cena, transferem-no para a superfície. A fotografia é a inauguração de um tipo novo de imagem, a imagem técnica ou tecnoimagem. Como diz Flusser, "o aparelho fotográfico é o primeiro, o mais simples e relativamente mais transparente de todos os aparelhos". E acrescenta: "o fotógrafo é o primeiro 'funcionário', o mais ingênuo e o mais viável de ser analisado." O que Vilém Flusser nos apresenta sobre esse mundo das imagens, sobre sua onipresença e sobre seu impacto sobre os homens, sua pré-história, sua história e sua pós-história é simplesmente notável, continua surpreendente quase três décadas depois de seu aparecimento. Vale a pena ser devorado e digerido com o olhar que a fotografia nos ensinou: o olhar do bote sobre a presa. Afinal, argumenta Flusser, a palavra *aparelho* (ou *aparato*) procede do verbo latino *adparare* e significa "estar à espreita para saltar em cima de algo".

Norval Baitello Junior
Berlim, inverno de 2011

O CONTÍNUO E PRAZEROSO DESAFIO DE RELER A CAIXA PRETA E SEU AMBIENTE

NORVAL BAITELLO JUNIOR

Já muito se escreveu sobre este livro divisor de águas, chamado em alemão *Für eine Philosophie der Fotografie* e recriado em português pelo próprio autor como *Filosofia da Caixa Preta*. Prefaciado e posfaciado em tantas línguas e por tantos autores, sem consenso algum, como já o havia alertado Maria Lilia Leão em sua iluminada apresentação à primeira edição brasileira. Discute-se mesmo se é ou não é um livro sobre a fotografia, questionando a literalidade do título. Seu autor aparentemente provoca nos leitores uma multiplicidade infinita de leituras. Talvez porque ele não sucumba às modas e viradas metodológicas diversas – linguística, icônica, performática, etc. –, talvez porque não se enquadre nem mesmo em um molde disciplinar pré-estabelecido, embora denomine-se "filosofia". Poderia ser lido com olhares de uma "antropologia", "sociologia", "arqueologia", "culturologia" (ou "ciência da cultura") e, até mesmo, de uma "ecologia", uma vez que trata também de ambientes dos quais a fotografia faz parte. Ele caberia em qualquer destes moldes, possibilitando leituras diversas e visões distintas do objeto. Como filosofia, é singular, pois professa uma filosofia não escolar, feita por alguém que declara, com todas as letras, que o maior filósofo brasileiro de todos os tempos foi Oswald de Andrade. Filiado a essa linhagem denominada "literopensante" por detratores deste último, por ocasião de seu concurso a uma cátedra, poderia sim ser filosofia, mas, como em Oswald, seria igualmente antropologia, sociologia, culturologia, arqueologia, futurologia, ecologia. Em qualquer lugar que esteja, é desafiador. E torna-se mais surpreendente com o passar dos anos, renovando-se e iluminando objetos que não existiam na época em que foi escrito. É o caso do tratamento dos ambientes, portanto, de uma ecologia da fotografia, ainda por construir, dentro de uma ecologia da imagem, algo que fora vislumbrado por Aby Warburg em sua "ciência sem nome". Flusser não olha apenas para o *medium* fotografia, mas para um entorno, um ambiente criado pela e para a fotografia. O ambiente é criador e criatura ao mesmo tempo: o aparelho, como pude dizer anteriormente, em uma apresentação de 2011, como aparato que dá um bote sobre seu objeto, o gesto fotográfico, a distribuição, a recepção da fotografia. Todo ambiente é determinado e determinante, nós o fazemos tanto quanto ele nos faz. É assim que se propõe hoje a "futura filosofia da fotografia" de Flusser. O ambiente das imagens produzidas por aparatos técnicos constrói nosso olhar para todas as imagens contemporâneas, mesmo aquelas não fotográficas. Ao mesmo tempo, possui raízes em ambientes da escrita, que, por sua vez, estão enraizados nos ambientes das imagens tradicionais. A idolatria presente nestes é questionada e desbancada pela textolatria que, por sua vez, é desafiada por um novo tipo de idolatria, aquele dos ambientes dos aparatos técnicos de imagens.

Este livro, tão adorado e tão criticado, continua vigoroso e atual, surpreendendo, sobretudo, novas gerações de profissionais e estudiosos da comunicação humana.

Norval Baitello Junior
Cisc | PUC-SP
São Paulo, verão de 2018

OS "MODOS DE USAR" A FILOSOFIA FLUSSERIANA

RACHEL COSTA

A *Filosofia da Caixa Preta* é uma obra que engana. No início do segundo capítulo, Flusser aponta a aparente simplicidade das imagens técnicas como o foco da crise simbólica contemporânea, visto que elas "[...] são dificilmente decifráveis pela razão curiosa de que aparentemente não necessitam ser decifradas" (Capítulo "A Imagem Técnica"). O título em português é fruto da licença poética de Maria Lília Leão, responsável pela primeira publicação do livro no Brasil;[1] já no restante do mundo, é conhecido pelo título *Por uma Filosofia da Fotografia*. No entanto, em português, o problema aparece de forma mais pungente, pois tentar abrir a "caixa preta" que parece ser "câmara clara", como sugere o livro de Roland Barthes, é função última da crítica. Como no caso das imagens técnicas, a simplicidade do livro é apenas aparente. Pode-se dizer que Vilém Flusser jogou, como *homo ludens* que é, com a característica do *medium* que escolheu como mote para sua discussão, transformando o livro em uma espécie de meta-exemplo do seu argumento. Como afirmei, a *Filosofia da Caixa Preta* engana e o faz por dois motivos principais: o primeiro está na aparência de facilidade da construção textual e conceitual da obra; e o segundo está na escolha da fotografia como referência, aparato rudimentar quando comparado às inúmeras inovações tecnológicas que acompanharam a produção técnica de imagens.

A aparência de facilidade deve-se à argumentação direta construída com frases curtas, na qual as sentenças parecem ligar-se por uma espécie de necessidade. Todavia, assim como as imagens técnicas são compostas por um código binário que pressupõe o salto constante entre zeros e uns, as frases de Flusser incorporam o salto. Mas, ao contrário das imagens técnicas, as frases de seu texto exigem que o espaço que as separa seja completado para que elas se liguem umas as outras. Não funcionam como a tela de LED em que cada luz que compõe a imagem representa um pixel específico e um pixel não se comunica com o outro, pois a composição da imagem é gerada pela configuração geral do aparelho. Não há um aparelho que configure as frases flusserianas, então é necessário completar os espaços. O ato de completar não se resume a interpretar, até porque todo símbolo deve ser interpretado, como mostra o capítulo "A Recepção da Fotografia". O completar visa tanto localizar o livro no escopo da vasta obra do filósofo, quanto compreender como esta obra se enquadra naquilo que Flusser chamou de conversação,[2] isto é, no cenário da discussão filosófica em que foi produzida. Isso fica claro no início do livro "Pós-história: Vinte Instantâneos e um Modo de Usar":

Os ensaios seguintes são aulas. Foram lidos em faculdades, e levaram todos aproximadamente os "50 minutos acadêmicos" para serem pronunciados. Isto é: seu conteúdo é denso, e exige que seja discutido em seminário subsequente. Há diferença entre textos falados e lidos. Leitura pode ser interrompida e intercalada por pensamento. Os ensaios seguintes querem ser lidos com vagar, ou discutidos.[3]

O subtítulo desse livro traz em germe o que aqui está sendo discutido. Os textos de Flusser não necessariamente requerem leitura linear e o "modo de usar" é uma espécie de aviso, para que o leitor não confunda as páginas de seu livro. Tendo em vista que quase todas as suas aulas foram construídas a partir de uma série de textos[4] e muitas delas transformadas posteriormente em livros, o ato de completá-las é tarefa inerente à leitura de seu texto. Isso ocorre também, em razão da opção pelo estilo ensaístico e pela escrita de textos curtos na maioria dos casos; hábito que o filósofo adquiriu escrevendo para o suplemento literário do jornal *O Estado de São Paulo* na década de 1960. Nele publicou um texto intitulado "Ensaio", no qual explica sua opção estilística:

Direi que a escolha entre fazer um tratado e um ensaio é decisão existencial no sentido estrito do termo. Marcará a minha atitude perante meu assunto e perante meu trabalho, "os meus outros". No caso do tratado, pensarei meu assunto e discutirei com meus outros. No caso do ensaio, viverei meu assunto e dialogarei com meus outros.[5]

É essa vivência que caracteriza seu ensaio que leva ao segundo motivo pelo qual o livro engana. O uso da fotografia como exemplo primário de imagem técnica gera uma aparência de obsolescência, de que o texto está datado, pois "[ao] contrário do cinema, as fotografias não se movem, nem falam" (capítulo "A Distribuição da Fotografia"). Porém essa aparência também é enganosa. A fotografia é um instrumento rudimentar que traz consigo uma proximidade estrutural do momento de crise no qual surgiu. Ao mesmo tempo, ela é uma espécie de síntese dos dois sistemas simbólicos que a precederam: a escrita e a imagem. Por isso, ela é um exemplo ideal, pois permite comparação entre o modo de proceder na relação com o texto e com a imagem tradicional. Além disso, aproveitando que estamos falando de aparência, a imagem é tradicionalmente associada à sua capacidade mimética. Nisso se encontra a raiz do engano, na pressuposição de que a *mimesis* ou a imitação é uma cópia de seu referente. Para Flusser, essa associação se romperá no futuro. "As imagens se desligarão de suas funções imitativa e mimética e vão-se tornar poéticas, criadoras. Esse poder poético já está claramente evidente, por exemplo, em filmes, vídeos e imagens sintéticas".[6] O caráter aparente ou superficial da imagem é trabalhado pelo filósofo como um elogio.

É nesse sentido que o "elogio à superficialidade" perpassa a discussão da última década de vida do filósofo. A expressão figura como subtítulo da obra

Universo das Imagens Técnicas, que dá continuidade às discussões iniciadas em *Filosofia da Caixa Preta*. Logo é urgente modificar o cenário esboçado. No texto "Louvor da Superficialidade", Flusser afirma ser o caráter pejorativo da superficialidade senso comum cultural. No entanto o problema não se encontra na "superfície", mas no modo de se relacionar com ela e com a modificação da estrutura simbólica que a acompanha: modifica não somente as imagens técnicas, mas também os textos e as imagens tradicionais. O texto de Flusser é disso exemplo. É um texto contaminado pela imagem, é exemplo da remagicização, ou seja, do propósito por ele atribuído às imagens técnicas no segundo capítulo: "[...] reintroduzir as imagens na vida cotidiana, tornar imagináveis os textos herméticos e tornar visível a magia subliminar que se esconde nos textos baratos" (capítulo: "A Imagem Técnica"). Isso aparece no posfácio irônico do livro *A Escrita: Há Futuro para a Escrita?*:

As reflexões neste texto sugerem que, fundamentalmente, só há duas direções para romper com a escrita: de volta às imagens ou, para frente, em direção aos numerais. De volta à imaginação ou, para frente, em direção aos cálculos. Nessas reflexões comprova-se que essas duas direções podem desembocar traiçoeiramente uma na outra: os numerais deixam-se computar em imagens. A gente pode tentar, a partir do pensamento textual fundamentado na escrita, irromper em cálculos presunçosos. Se isso tivesse sido bem-sucedido, os pensamentos imaginativo e matemático teriam sido superados no textual. Os escritores teriam deglutido e digerido os matemáticos e os artistas plásticos, e se elevado a um novo nível de pensamento. Isso não sucedeu.[7]

Irônico,[8] pois coloca em questão a tese que inicia o livro, isto é, de que não haveria futuro para a escrita, em um mundo dominado pelas imagens técnicas. Ele o faz apontando a inter-relação dos *media* que dominam a construção do pensamento simbólico. Ou seja, ao final não há a sobreposição e imposição de um *media*, mas a modificação por contaminação. A escrita do futuro não é a escrita dominada pelo pensamento histórico. É a escrita que permeia as imagens técnicas, ou seja, escrita que não busca descobrir o mistério por trás das coisas, mas que busca criar ficções intersubjetivas. Como ele mesmo dizia, são textos que são pré-textos para imagens: "[a] maneira de fazê-lo é escrever fábulas, porque o fabuloso é o limite do imaginável"[9]. Logo *Filosofia da Caixa Preta* é um pré-texto para imagens-técnicas. Desconstruir o método tradicional de escrita é necessidade, visto que o ensaio é vivência dialógica do assunto que está sendo tratado.

Flusser termina o artigo "Louvor à Superficialidade" com a seguinte afirmação: "Goethe dizia: Nada se busque por detrás das meras aparências: o mistério são elas".[10] Essa é a função do livro *Filosofia da Caixa Preta*: mostrar em que medida o mistério está naquilo que parece mais concreto. E aí também se encontra sua característica enganadora, como no caso da imagem técnica. O livro *Filosofia da Caixa Preta* pretende ser um texto do futuro, fruto de uma conversação que se adaptou ao universo simbólico gerado pela criação das imagens técnicas. Uma escrita que preza pela superfície, que não busca as profundezas essenciais a serem descobertas, mas que constrói relações entre seres humanos e coisas do mundo. Essa atitude fez Abraham Moles consider seu texto o início de um método filosófico do futuro.[11] Portanto a exiguidade do texto e o modo de escrita do filósofo fazem do *Filosofia da Caixa Preta* um livro aberto, no qual os nove capítulos são permeados por um objetivo único: a necessidade de reconfigurar o modelo que constitui a base da organização do pensamento.

Assim, ouso afirmar ser o *Filosofia da Caixa Preta* um dos exemplares mais emblemáticos do *corpus* da produção de Vilém Flusser; em primeiro lugar, por ser, sem sombra de dúvidas, sua obra mais lida, conhecida e traduzida; em segundo lugar, por condensar, em um número pequeno de páginas, a chave para compreensão da relação entre o que é chamado fase brasileira e fase europeia de seu pensamento, isto é, entre sua ontologia linguística e sua filosofia da técnica.

A filosofia flusseriana enquadra-se no escopo da crítica da metafísica que caracterizou grande parte da filosofia europeia da segunda metade do século XX. Logo toda a sua obra é permeada por uma crítica da cultura de bases ontológicas, que tem a comunicação como fundamento. Seu primeiro livro publicado no Brasil, *Língua e Realidade*, constrói uma ontologia que elege a língua como *medium* da capacidade humana de criar intersubjetividade. Nele, Flusser propõe uma ontologia não substancialista que objetiva pensar o fenômeno sem a existência da "coisa em si" kantiana, mesmo sendo ela impossível de ser acessada. Isso significa que a representação, para falar como Kant, é tudo aquilo que existe. Com isso, o filósofo pretende dar um passo à frente em relação à metafísica idealista que caracteriza o pensamento moderno no Ocidente, unindo pensamento teórico e fenômeno sem cair no relativismo. Assim, ele caracteriza a língua de forma bastante ampla, a ponto de ela se igualar à expressão "sistema simbólico".

Em minha identificação da língua com a estrutura do cosmos pretendo que o conceito de língua abranja tanto a matemática pura como a poesia, e que ultrapasse ambas. Em minha tentativa de definir esse conceito, aliás tentativa frustrada pela própria posição ontologicamente primordial que concedo a esse conceito, pouco adiantarão as ciências que se ocupam da língua.[12]

A ontologia flusseriana constitui uma atitude consciente de lutar contra o conservadorismo do intelecto. Para isso ele adota uma fenomenologia bastante peculiar. A fenomenologia flusseriana é um instrumento epistemológico para retomar a dúvida cartesiana em outros parâmetros, com objetivo de dessubstancializar os fenômenos, sem esposar o idealismo husserliano. Flusser a transforma em método para construção do simbólico a partir do "estar comigo" daquele que o constrói, ou seja, da relação com o outro. Criar símbolos é criar ficção a partir da dúvida, com o objetivo de informar, com o objetivo de gerar diálogo. Nesse sentido, conhecimento é relação, é exercício da intersubjetividade. Como ele mesmo diz: "Aprendi com Husserl que viver não é descobrir, mas dar significado".[13]

É dentro desse contexto que a tese flusseriana da comunicação se coloca. Quando ele pensa a língua, está levando em consideração a conversação, isto é, a rede de intelectos que formam o universo intersubjetivo que chamamos de cultura. A estrutura da comunicação é a infraestrutura da cultura e da sociedade, o que faz da teoria da comunicação uma espécie de crítica da cultura, a qual pressupõe repensar suas relações com a epistemologia, com a ética, com a estética e com a política. Em *Bodenlos*, ao descrever um de seus cursos, afirma:

Distinguíamos entre "estar comigo" (o outro) e "estar à mão" (a coisa). Comunicação humana era definida como as maneiras do "estar comigo". Uma entre tais maneiras de estar comigo se revelava a mais fundamental: a da convenção que "dá sentido às coisas". Portanto a codificação inter-humana que convenciona certas coisas em "símbolos". Todas as demais comunicações se fundamentam sobre esta. Surgiu o problema da codificação sem código pré-existente. Da "origem da comunicação", portanto. A competência da teoria ficou assim definida: a totalidade de códigos (o mundo do espírito, portanto).[14]

Desse modo, toda tentativa de fixar e intersubjetivar o mundo é uma forma de comunicação, seja ela realizada pelos pintores das cavernas ou pelos cineastas. Esse é o mote dos dois primeiros capítulos do *Filosofia da Caixa Preta*. Flusser apresenta os três principais *media* criados pela humanidade para codificar simbolicamente o mundo de modo a permitir decifração e, consequentemente, intersubjetividade. Como seu objetivo é mostrar como nós pensamos, ou seja, como nós somos capazes de criar modos de perceber o mundo que podem ser compartilhados, a imaginação é o personagem principal desses capítulos. "A imaginação é a capacidade de codificar fenômenos de quatro dimensões em símbolos planos e decodificar as mensagens assim codificadas" (capítulo, "A Imagem"). O problema que perpassa todo o livro está na presente incapacidade de idealizar imagens técnicas, o que resulta na incapacidade de imaginar também os textos e as imagens tradicionais. E isso se deve à mudança de paradigma que acompanha a escrita linear, pelo paradigma da imagem técnica. Se formos pensar com Thomas Kuhn, a partir do momento que um paradigma entra em crise, toda teoria criada sobre o chão que esse paradigma representa perde a função no próximo paradigma. O problema de imaginar imagens está diretamente relacionado à nossa dificuldade de pensar e vivenciar o mundo no paradigma da imagem técnica. A crítica da cultura surge, assim, da necessidade de pensar como podemos reimaginar o mundo, pois mundo sem imaginação é mundo do eterno retorno do sempre idêntico.

Logo a diferença da filosofia flusseriana para as demais que pensam a técnica é que ela é mais radical, não pressupõe novas ferramentas para velhas questões. Propõe repensar a humanidade a partir de uma perspectiva comunicacional. Esse é seu objetivo com o capítulo "A Urgência de uma Filosofia da Fotografia". Por isso afirmei ser o *Filosofia da Caixa Preta* peça chave na compreensão da obra do filósofo, pois a diferença entre a fase europeia e a fase brasileira de sua obra é apenas uma diferença de enfoque. Trata-se de uma mudança de *medium:* ele deixou de usar a língua como referência e passou a utilizar um tipo específico de imagem que é produzida por aparelhos. No fundo, o que resta é a intersubjetividade, a qual tanto é construída por nós quanto nos constrói. Esse é o fundamento ontológico das teses flusserianas. Esse é o seu *Bodenlos*, ou seja, "[a] sensação de estar boiando é o clima da falta de fundamento".[15] Se boiar é fruto da constatação de problemas na construção da intersubjetividade, então o sintoma final de um momento de crise dos *media* que constroem o pensamento simbólico é um sintoma político.

Pós-história, o livro que precedeu a publicação do *Filosofia da Caixa Preta*, concentra-se na análise das questões políticas relativas à "nossa situação". Flusser coloca como pré-requisito para a reconstrução do tecido comunicológico da sociedade uma tarefa política, pois: "[...] para que tal reformulação possa ser feita, é preciso que a república exista. E a república é o espaço dos *diálogos circulares*. Atualmente tal espaço não existe. Todo o espaço está ocupado pelas irradiações anfiteatrais e pelo diálogo em rede".[16] Ou seja, o construto simbólico social não mais funciona como mapa do mundo, passou a atuar como um biombo. Toda a tarefa atribuída pelo filósofo à crítica, nos capítulos finais de *Filosofia da Caixa Preta*, é tarefa de reconstrução do espaço político.

Está aí a "A urgência de uma filosofia da fotografia". Ela é uma ferramenta para não apenas mudar de modelo e recair nos problemas muitas vezes apontados por Flusser, mas para reconfigurar o modo como os modelos são produzidos. Nesse momento, o título do livro em português mostra a sua força, visto que a tarefa da filosofia da fotografia é não apenas criticar a metafísica idealista, mas construir uma nova. Construir uma base simbólica que possa novamente servir como referência, um novo chão. Todavia os oito anos que separam a publicação do *Filosofia da Caixa Preta* e a morte do filósofo não foram suficientes para que ele o fizesse. O que ele conseguiu foi propor um caminho, o qual aparece em germe no capítulo "O Gesto de Fotografar".

Nesse capítulo, Flusser constrói uma fenomenologia do gesto de fotografar, analisando as características do movimento do fotógrafo com objetivo de associá-lo à racionalidade relativa à construção de uma liberdade frente à automaticidade engendrada pelo aparelho. A questão que organiza o capítulo é: como posso ser livre se meu movimento é determinado pela caixa preta?

O resultado é o esboço de uma teoria futura que traz de volta o corpo e o modo como ele motiva, configura e determina a estrutura do pensamento a despeito do cartesianismo. É uma espécie de retorno ao platonismo, que caracteriza o pensamento filosófico ocidental. Retorno à medida que entendemos o discurso de Sócrates em "O Banquete" ou a saída da caverna em "A República" como a construção da vivência de uma autonomia com objetivo de conhecer. Vivência, pois pressupõe o corpo, pressupõe o amadurecimento da relação entre o corpo e a racionalidade. Para o filósofo, a fotografia é emblemática para discutir a questão, visto que, ao mesmo tempo, exige e deixa esquecer esse aspecto em razão da automaticidade.

Essa proposta tem continuidade em seu último livro publicado em vida, *Os Gestos*. A versão em português dessa obra, apesar de menos extensa que a alemã, possui um capítulo inicial que delineia as intenções do filósofo: "Esboço para uma Introdução a uma Teoria Geral dos Gestos". Como o próprio título diz, a proposta não pode ser configurada sequer como uma introdução, tendo em vista objetivo tão grandioso. Flusser propõe uma teoria instrumental e engajada, além de antiacadêmica e anti-ideológica, com intuito de mesclar ciências humanas, sociais e exatas, reconfigurando o caráter complexo que as coisas possuem, ou seja, seguindo um caminho oposto ao da objetivação desumanizada. Essa necessidade de retomar a estrutura complexa e multifacetada das coisas do mundo é o assunto do capítulo "O Universo Fotográfico", do *Filosofia da Caixa Preta*. Flusser diz: "Estar no universo fotográfico implica viver, conhecer, valorar e agir em função de fotografias. Isto é: existir em um mundo mosaico" (capítulo "O Universo Fotográfico"). Nesse sentido, a "Teoria geral dos gestos" seria adequada para o que não é satisfatoriamente explicado por outra teoria: problema central das imagens técnicas.

Até porque o termo "explicar" dificulta a questão. O problema está exatamente na impossibilidade da separação entre sujeito e objeto. O explicar pressupõe objetivação. Quando Flusser analisa o trabalho, no capítulo três, esse é o problema. Não há como pensar o "trabalho" do fotógrafo dentro das teorias tradicionais, pois elas escolhem uma questão entre as várias possíveis e a transformam no único modo de pensar o problema. É uma tentativa de objetivação que faz a questão escapar por entre os dedos, pois o trabalho do fotógrafo é parte do mundo mosaico, não pode ser unilateralizado. O fotógrafo é o *homo ludens*, a classificação flusseriana desse homem múltiplo, para o qual não basta discutir um assunto a partir de modelos pré-existentes, ele necessita vivenciar o mundo. No capítulo "Nosso Jogo" do livro *Pós-história*, Flusser afirma: "Tal tendência nossa para a ludicidade tem duas fontes. Uma é a nossa *práxis*, que é a de jogo com símbolos. A outra é o fato de vivermos programados: programas são jogos".[17] Então, a tarefa do *homo ludens* é, mesmo tendo consciência de que é programado pelo mundo que o cerca, encontrar brechas para criar beleza. Mas no sentido flusseriano:

A beleza é, portanto, sinônimo de informação em relação à experiência do real. É a razão pela qual as religiões e as ideologias em geral desconfiam da arte. Se nossos modelos da experiência modificam-se graças à arte, nossos modelos de comportamento se modificarão forçosamente em seguida. A arte é o terreno de toda revolução (na ciência, bem como na política). [...] A beleza é perigosa: ela arrisca destruir nossos modelos de comportamento (e de conhecimento).[18]

É dentro desse contexto que Flusser retoma, em vários capítulos do *Filosofia da Caixa Preta* a importância da crítica. Se estamos em um mundo onde os modelos estão obsoletos, então estamos em um mundo sem chão, um mundo sem possibilidade de intersubjetividade. Nesse mundo a beleza passa despercebida, ela sequer é notada por ser confundida com a própria realidade. Logo, a função da crítica é construir modos de aproximação do universo simbólico gerado pela criação da imagem técnica. Quando há consciência crítica, "[...] a magia programada nas fotografias torna-se transparente. A fotografia da cena libanesa em jornal não mais revelará forças ocultas do tipo 'judaísmo' ou 'terrorismo', mas mostrará os programas do jornal e do partido político que o programa, assim como o programa do aparelho político" (capítulo "A Recepção da Fotografia"). A crítica é atitude para tornar novamente imagináveis os textos, as imagens tradicionais e as imagens técnicas.

Então, a crítica irônica é a ferramenta utilizada por Flusser para alcançar a simplicidade textual citada no início desse posfácio. É uma estratégia retórica, pois "A ironia talvez seja sempre isto: arma empregada naquela batalha chamada 'agonia'",[19] batalha que pode ser tanto física, quanto intelectual. As batalhas de Flusser visavam reconstruir seu chão. Nada melhor que um pouco de ironia para fazê-lo, com a simplicidade que a tarefa exige. Portanto ler Flusser, e de forma especial o *Filosofia da Caixa Preta*, requer argúcia, requer desconfiança e requer também a curiosidade que a dúvida motivadora de toda busca de conhecimento consegue trazer. Essas características só são possíveis em um cenário onde exista intersubjetividade. Por isso a "Urgência de uma Filosofia da Fotografia".

Rachel Costa
Fevereiro de 2018

NOTAS

[1] Maria Lília Leão, "Pessoa-pensamento no Brasil". In: Gustavo Bernardo e Ricardo Mendes. *Vilém Flusser no Brasil*. Rio de Janeiro, Relume Dumará, 2000, p. 20.
[2] Vilém Flusser, *Língua e Realidade*. São Paulo, Annablume, 2004, p. 135-44.
[3] Vilém Flusser, *Pós-História*. São Paulo, Annablume, 2011, p. 17.
[4] As conferências de Bochum são uma das poucas exceções a essa regra. Elas foram publicadas sob o título de *Comunicologia* a partir da transcrição das filmagens, pois Vilém Flusser faleceu antes do seu término. Ver: Vilém Flusser,. *Comunicologia*. São Paulo: Martins Fontes, 2014, p. 17-27.
[5] Vilém Flusser, *Ficções Filosóficas*. São Paulo, Edusp, 1998, p. 94-95.
[6] Idem, *A Escrita: Há Futuro para a Escrita?*. São Paulo, Annablume, 2010, p. 85.
[7] Ibidem, p. 177.
[8] Importante característica do texto do filósofo. Ver o texto "Ironia". *Folha de São Paulo*, 26/02/1972.
[9] Trecho de carta de Vilém Flusser a Maria Lília Leão. In: Maria Lília Leão. op. cit. 2000, p. 18.
[10] Vilém Flusser, "Louvor da Superficialidade". *Revista Íris* n. 362 08/1983 p. 21.
[11] Trecho de carta de Vilém Flusser a Maria Lília Leão. In: Maria Lília Leão, op. cit. 2000, p. 18.
[12] Vilém Flusser, op. cit., 2004, p. 34-35.
[13] Idem, "Curriculum Vitae". In: Stanislau Ladusãns (org.). *Rumos da Filosofia Atual no Brasil: em Auto-Retratos*. Loyola, São Paulo, 1976, p. 501.
[14] Idem, *Bodenlos*. São Paulo, Annablume, 2007, p. 207.
[15] Ibidem, p. 19.
[16] Idem, op. cit., 2011, p. 78.
[17] Ibidem, p. 121.
[18] Idem, A Arte: o Belo e o Agradável. *Revista Arte Filosofia*. Trad. Rachel Costa. n. 11, dezembro de 2011, p. 12.
[19] Idem, "Ironia". *Folha de S.Paulo*, 26/02/1972.

BIBLIOTECA VILÉM FLUSSER

Inspirada na pesquisa de doutorado de Rodrigo Maltez Novaes e em seu trabalho no Arquivo de Berlim, a Biblioteca Vilém Flusser seguirá uma organização cronológica baseada na produção do filósofo tcheco-brasileiro, algo que nunca antes foi feito. Será dividida também em quatro vertentes: monografias, cursos, ensaios-artigos e correspondência. Rodrigo Petronio será responsável pela fortuna crítica e pelos textos de apresentação e de situação de cada livro, tanto no interior da obra de Flusser como no contexto da filosofia do século XX. Esse tipo de organização arquivista poderá servir como modelo para novas recombinações e reedições ao redor do mundo.

A Biblioteca Vilém Flusser se pretende aberta e plural. Deseja contar com a participação de grandes pesquisadores da obra de Flusser e também de artistas, escritores e novos leitores que mantenham um diálogo intenso com o filósofo. Apesar de a maior parte da sua obra ter sido produzida em português, a parte alemã dos seus escritos é a internacionalmente mais conhecida, e ainda pouco traduzida para o português. Por isso, outro objetivo da Biblioteca é trazer ao leitor brasileiro a produção de Flusser em outros idiomas e ainda inédita em língua portuguesa.

Outro ponto alto do projeto será a edição de sua vasta correspondência com intelectuais de todo o mundo, e, em especial, com Milton Vargas, Celso Lafer, David Flusser, Sergio Rouanet, Dora Ferreira da Silva, Vicente Ferreira da Silva e Abraham Moles. Longe de ser um mero apêndice a seus livros e ensaios, a correspondência revela uma das essências do legado de Flusser: a inspiração radicalmente dialógica, perspectivista e polifônica de seu pensamento.

Rodrigo Maltez Novaes é artista plástico, tradutor e editor. Trabalhou na reorganização geral do Arquivo Vilém Flusser de Berlim, onde foi pesquisador residente (2009-2014), além de ser um dos responsáveis por sua digitalização integral, projeto feito em parceria com a PUC-SP e Fapesp. Desenvolve doutorado sobre Flusser na European Graduate School (Suíça), e lecionou na Universidade de Arte de Berlim. Em 2012, cofundou o Metaflux Lab, pelo qual lecionou sobre a obra de Vilém Flusser como professor convidado na Universidade de Edimburgo, Universidade Humboldt, Centro de Design Interativo de Copenhagen, Instituto Sandberg, Universidade de Design de Lucerna, Universidade de Newcastle e Universidade de Lüneburg. Traduziu diversas obras de Flusser do português para o inglês, para editoras como a University of Minnesota Press, Atropos Press, Metaflux e Univocal. Foi editor do *Caderno Sesc_Videobrasil 12* 2017 (Edições Sesc), e de algumas obras de Flusser escritas originalmente em inglês. Atualmente é Editor Chefe da Metaflux Publishing. Vive e trabalha em São Paulo.

Rodrigo Petronio é escritor e filósofo. Autor, organizador e editor de diversas obras. Doutor em Literatura Comparada (UERJ). Desenvolve pesquisa de pós-doutorado no Centro de Tecnologias da Inteligência e Design Digital (TIDD|PUC-SP), sob supervisão de Lucia Santaella. Professor Titular da Faculdade de Comunicação da Fundação Armando Álvares Penteado (Facom|FAAP), onde é professor-coordenador de dois cursos de pós-graduação: Escrita Criativa e Roteiro para Cinema e Televisão. Desenvolveu doutorado-sanduíche como bolsista Capes na Stanford University, sob orientação de Hans Ulrich Gumbrecht. Formado em Letras Clássicas (USP), tem dois Mestrados: em Ciência da Religião (PUC-SP), sobre o filósofo contemporâneo Peter Sloterdijk, e em Literatura Comparada (UERJ). Membro do Laboratório de Estudos Pós-Disciplinares do Instituto de Estudos Brasileiros da Universidade de São Paulo (IEB-USP). Organizador dos três volumes das Obras Completas do filósofo brasileiro Vicente Ferreira da Silva (Editora É, 2010-2012).

VOCÊ PODE INTERESSAR-SE TAMBÉM POR:

A maior obra escrita por Vilém Flusser, inédita em qualquer idioma. Nela, o filósofo tcheco radicado no Brasil – e mundialmente reconhecido como pioneiro na reflexão sobre novas tecnologias – propõe uma "história subjetiva da ontologia moderna". Empregando as noções de culpa, castigo, maldição e penitência, ele explora o modo como desde os que antecederam a modernidade até os homens de hoje veem e lidam com o mundo. Mais sutis do que épistèmès ou "paradigmas", o que temos aqui são gerações, que, por seu caráter contínuo, já indicam que o Último Juízo, tantas vezes anunciado – dada a religiosidade inata à linguagem e à vida –, nunca é verdadeiramente o último. Ou, como a contemporaneidade permite enunciar (e este é o seu drama): o Último Juízo já aconteceu. Neste cenário, surgem quatro figuras a compor o nosso tempo: o aparelho, o funcionário, o instrumento e o programa.

facebook.com/erealizacoeseditora

twitter.com/erealizacoes

instagram.com/erealizacoes

youtube.com/editorae

issuu.com/editora_e

erealizacoes.com.br

atendimento@erealizacoes.com.br